Korina Schröder

D1693140

Entraînement

À plus! 2+3

Französisch für Gymnasien

Mit Texten spielend arbeiten

Theaterpraktische Methoden im Umgang mit Lektionstexten

Cornelsen

À plus! 2+3
Mit Texten spielend arbeiten

im Auftrag des Verlages erarbeitet von
Pia Keßler

und der Redaktion Moderne Fremdsprachen
Anne Lapanouse

Illustrationen: Laurent Lalo
Umschlaggestaltung: Katrin Nehm
Layout und technische Umsetzung: Heike Börner, Berlin

www.cornelsen.de

1. Auflage, 2. Druck 2010

Druck: CS-Druck CornelsenStürtz, Berlin

ISBN 978-3-06-520035-6

Inhalt gedruckt auf säurefreiem Papier aus nachhaltiger Forstwirtschaft.

Inhalt

Vorwort 4

À plus! 2

Unité 1 L'échange 6
FDT 1 8
FDT 2 8
Unité 2 Elles ont visité Nantes 9
FDT 3 11
FDT 4 12
Unité 2 Elles sont allées au commissariat 13
FDT 5 15
Unité 3 On ne peut pas tout faire 16
FDT 6 18
Unité 4 Il faut faire quelque chose 19
FDT 7 20
FDT 8 20
Unité 4 On ne peut pas accepter ça 21
FDT 9 23
Unité 5 Un idée intéressante? 24
FDT 10 25
Unité 6 Une catastrophe (1) 26
FDT 11 28
Unité 6 Une catastrophe (2) 29
FDT 12 30

À plus! 3

Unité 1 La surprise 32
FDT 13 34
FDT 14 35
Unité 2 Tout allait pour le mieux ... 36
FDT 15 38
Unité 3 La dinde attend son heure 39
FDT 16 41
FDT 17 41
Unité 4 Une larme 43
FDT 18 45
Unité 5 L'avenir de l'école 46
FDT 19 48
FDT 20 48
Unité 6 À Montréal 50
FDT 21 52

Methodenübersicht 53

Vorwort

„Den Umgang mit Texten erlernen Schülerinnen und Schüler, indem sie ihre pragmatischen Kompetenzen ausbauen. Zu diesen gehört das Wissen um die Prinzipien, nach denen Satzsequenzen arrangiert werden, damit ein kohärenter Text entsteht und dieser eine kommunikative Funktion erfüllen kann, auf die es letztlich ankommt."
(Höner D.: *Umgang mit Texten. Texte als Gegenstand des Französischunterrichts.* In: Krechel, H.-L. Französisch Methodik. Cornelsen Scriptor, Berlin, 2007, S. 82).

Textarbeit und Mündlichkeit in der Spracherwerbsphase

Geht es im Anfangsunterricht noch vordergründig darum, die Schüler/innen zum phonetisch korrekten Nachsprechen anzuregen, rückt im zweiten und dritten Lernjahr die syntagmatische Einbettung und schließlich der Text immer mehr ins Zentrum des Unterrichts.
Wie aber umgehen Sie einen Motivationseinbruch seitens der Schüler/innen, wenn die Texte anspruchsvoller, länger und schwieriger werden?
Und wie fördern Sie die Mündlichkeit in Ihrem Unterricht?
„Alle Schüler sollen oft und abwechslungsreich Gelegenheit zum Sprechen erhalten. Dazu sind Klassenraumdialog und Frontalunterricht selten in der Lage, müssen dezentrale Übungsformen und Anwendungssituationen gewählt werden."
(Blume, O.-M.: *Das Sprechen und Schreiben fördern.* In: Krechel, H.-L. Französisch Methodik. Cornelsen Scriptor, Berlin, 2007, S. 146)

Welche Effekte und wie viel Spaß das Üben anhand von „virelangues" und kleinen Sprachspielen macht, haben Sie mit dem Heft „Aussprachetraining und szenisches Spiel" zu ***À plus! 1*** erfahren können (ISBN 978-3-06-520019-6). Diese Übungsformen können Sie nun auch auf die Textarbeit übertragen.

Versuchen Sie Textarbeit doch einmal anders und verzichten Sie auf das Schema „Lektionseinstieg" im Französischunterricht: Text hören, Text lesen lassen, Verständnisfragen stellen.

Hier werden Aktivitäten rund um den Text angeboten: Aktivitäten zur Rezeption, zur Sprachimitation und Textproduktion. Dabei sind diese Übungen schülerorientiert und interaktiv angelegt.
„Der Text kann als vorhandenes Produkt Ausgangspunkt und Gegenstand einer Aktivität sein oder im Verlauf der Sprachaktivität als Schülerprodukt entstehen." (s. Höner, a. a. O., S. 82).

Dieses Heft präsentiert Ihnen vielseitige Möglichkeiten, wie Sie das genannte Schema durchbrechen und einen kreativ-gestalterischen Umgang mit dem Text initiieren können: Texte einführen, Vokabular üben und anwenden lassen. Gestaltende Übungen ersetzen die Frage-Antwort-Methode. Und durch den kreativ-spielerischen Ansatz können Sie sogar die Motivation Ihrer Schüler/innen steigern.

Aufbau

Die Aktivitäten sind nach Unité und Séquence geordnet. Sie basieren alle ausschließlich auf den Sequenztexten und dem dort verwendeten Wortschatz.

Jede Aktivität beinhaltet eine Aufwärmübung (Exercice préparatoire), eine Übung zum Sequenztext (Exercice principal) und Kopiervorlagen (Fiches de travail).

Die Phase Aufwärmübung ist kurz gehalten und bereitet die Schüler/innen sowohl methodisch als auch inhaltlich vor. Außerdem fördert sie das Gruppengefühl. Eine stress- und angstfreie Sprechsituation hilft maßgeblich, die Mündlichkeit im Klassenraum zu fördern.
Geben Sie sich und ihren Schülern/-innen die Zeit für die Erwärmung. So sichern Sie einen reibungslosen und rascheren Ablauf der eigentlichen Übung am Text (Exercice principal).

Alle Übungen sind schrittweise beschrieben. Die Anweisungen (Consignes) auf Französisch erleichtern Ihnen die Umsetzung im Unterricht.
Verwenden Sie die französischen Formeln konsequent, sie kommen in den verschiedenen Übungen immer wieder zum Einsatz.
Ggf. bietet sich ihre Visualisierung auf einem Klassenzimmerplakat o. ä. an.

Die Sequenztexte sind auf die Übungen zugeschnitten. Sie finden sie kopierbereit auf den Fiches de travail.

Die Methodenübersicht (S. 53) stellt alle in diesem Heft angewandten spielerischen Aktivitäten kurz vor und beschreibt weitere theaterdidaktische Übungen, die sich für die Spracherwerbssituation im Klassenraum eignen.
Mit Hilfe der Boîte à outils zu den einzelnen Bänden von ***À plus!*** können Sie dann individuell neue Übungen auf der Grundlage der Sequenztexte erstellen.

Boîte à outils
À plus! 1: ISBN 978-3-464-22118-1
À plus! 2: ISBN 978-3-464-22144-0
À plus! 3: ISBN 978-3-464-22146-4
À plus! 4: ISBN 978-3-464-22154-9
À plus! 5: ISBN 978-3-464-22156-3

Viel Freude bei der Umsetzung!

Pia Keßler

Erläuterung der Symbole und Abkürzungen

▶◀ Partner-/ Gruppenarbeit

Klassenarbeit

S Schüler/in
L Lehrer/in
FDT Fiche de travail (Kopiervorlage)
SB Schülerbuch

Unité 1 L'échange

À plus! 2 Unité 1, Séquence 1, S. 12	✤	FDT 1 (eine pro S), eine FDT 2 (in Streifen zerschnitten)
Lernziel: **Vorschläge im Chor sprechen**		

Der Sequenztext handelt von einer Klassendiskussion über ein Austauschprogramm. Diese Situation bietet sich gut dafür an, ein Klassengespräch mit S einzuüben, um dies auch für künftige Gelegenheiten einzusetzen. Bei dieser Übung liegt der Schwerpunkt auf der „lecture synchronisée". L muss ein wenig Zeit darauf verwenden, das gleichzeitige rhythmische (chorische) Sprechen der ganzen Klasse einzuüben, falls sie dies noch nicht aus der Arbeit mit ***À plus!* 1** kennt (s. Methodenübersicht, S. 53). Dadurch entsteht eine gemeinsame Dynamik, die die Basis für viele weitere Übungen ist.

Exercice préparatoire: L'écho

Diese Aufwärmübung wird vom Platz aus gemacht. Zunächst übt L ein gemeinsames Einatmen mit der ganzen Klasse ①.
Dann teilt er/sie S in zwei Gruppen A und B ②.
Bei jedem Durchgang gibt L einen der folgenden Sätze vor.

Énoncé

– Bonjour.
– Ça va?
– Un, deux, trois.
– On y va?
– Patati, patata.

Nach einem gemeinsamen Einatmen wiederholt die Gruppe A das Gesagte ③.
Die Gruppe B soll im Anschluss daran den Satz von der Gruppe A in der Art eines chorischen Echos aussprechen ④.

Conseil L muss darauf achten, dass S ganz genau synchron sprechen.

Consignes

① Tout d'abord, respirez une fois ensemble: inspirez ... expirez.
② Maintenant, formez deux groupes A et B.
③ Je dis une phrase. Groupe A, respirez une fois ensemble puis répétez ma phrase.
④ Ensuite, c'est au groupe B: respirez une fois ensemble puis répétez la phrase du groupe A.

Exercice principal

Die wichtigsten Vokabeln, die für ein Globalverständnis nötig sind, sind bereits bekannt. Für die Semantisierung einzelner Textpassagen spielt L diese vor (CD). S nennen auf Deutsch die inhaltlichen Punkte, die sie verstanden haben ①. Danach fährt L ggf. mit diesem Verfahren fort und erklärt französische Schlüsselwörter.

Die Übung wird vom Platz aus gemacht. S übernehmen unterschiedliche Rollen für diese gespielte chorische Diskussion: sie spielen eine/n Lehrer/in, verschiedene Schüler (élèves 1–7), die Klasse (Gruppen A und B) ②. L teilt ein:
- Gruppen „élèves“ 1 bis 7 (2 bzw. 3 S je Gruppe „élève“. S, die einen „élève“ spielen, sollten nebeneinander sitzen.),
- Gruppe A (Hälfte der S),
- Gruppe B (andere Hälfte der S),
- Lehrer/in (1 S).

L teilt FDT 1 aus. Zuerst markieren S ihre Textteile ③. S der Gruppe „élèves“ übernehmen sowohl die Sätze der Gruppen A bzw. B als auch „ihren“ Satz, also z. B. den Satz des/der „élève 1“. Danach werden S angeleitet, genau im Chor zu sprechen ④. Diese Übung sollte zwei- oder dreimal hintereinander durchgeführt werden.

Conseils
- Während der ganzen Übung muss L auf lautes, deutliches und synchrones (chorisches) Sprechen der S achten.
- S können den Text mit den Gesten unterstützen, die auf FDT 3, S. 11 vorgestellt sind.

Consignes

① Dites tout ce que vous avez compris, même si ce n'est qu'un mot.
② [Nom d'un/e élève], tu joues le rôle du/de la «prof». Les autres, formez deux groupes A et B. Vous êtes «élève 1», vous êtes «élève 2», ...
③ Lisez bien le texte et soulignez vos phrases.
④ Faites attention de bien prononcer les phrases ensemble: ne parlez ni plus vite ni plus lentement que les autres.

Alternative

An diese Übung kann man nun ein Gespräch in Kleingruppen über die Vorschläge anschließen. Hierzu bilden S sieben Gruppen ①, die über die jeweiligen sieben Vorschläge der FDT 2 diskutieren ②, wobei jede/r S seine/ihre Meinung dazu formuliert ③.

Exemple

Proposition: «Il faut aller à Nantes.»
S 1: Non, Nantes, c'est nul!
S 2: Oui, j'adore cette ville!
...

Consignes

① Formez sept groupes.
② Discutez d'une proposition dans votre groupe.
③ Chaque élève du groupe doit dire ce qu'il pense de la proposition.

FICHE DE TRAVAIL 1 L'échange

Prof: Les correspondants vont arriver.	**Groupe A:** Oui, super, un rallye.
Groupe A: Super!	**Groupe B:** Encore! (genervt)
Groupe B: Chouette!	**Élève 4:** Moi, je suis pour une excursion à la mer.
Prof: On prépare le programme?	**Groupe A:** Oui, on va faire un tour à l'océan Atlantique!
Groupe A: Oui!	**Groupe B:** Non, y en a marre de la mer! (Geste)
Groupe B: D'accord.	**Élève 5:** On va au festival de hip-hop à Nantes.
Prof: Qu'est-ce que vous proposez?	**Groupe A:** Ça ne m'intéresse pas, le hip-hop.
Élève 1: Il faut aller à Nantes.	**Groupe B:** C'est cool, le hip-hop.
Groupe A: Je suis pour Nantes.	**Élève 6:** On ne pourrait pas aller à Noirmoutier?
Groupe B: Je suis contre Nantes.	**Groupe A:** Oui, c'est une bonne idée.
Élève 2: On pourrait visiter le Jardin des plantes.	**Groupe B:** Non, il fait trop froid.
Groupe A: Oui, le Jardin des plantes!	**Élève 7:** On va prendre le bateau.
Groupe B: Non, pas le Jardin des plantes!	**Groupe A:** Le bateau, le bateau!
Élève 3: On fait un rallye.	**Groupe B:** Oh non! Pas le bateau!

FICHE DE TRAVAIL 2 L'échange

A Il faut aller à Nantes.	**E** On va au festival de hip-hop à Nantes.
B On pourrait visiter le Jardin des plantes.	**F** On ne pourrait pas aller à Noirmoutier?
C On fait un rallye.	**G** On va prendre le bateau.
D Je suis pour une excursion à la mer.	

À plus! 2 Unité 2, Séquence 1, S. 30	✣	FDT 3, FDT 4, FDT 13 (je eine pro S)
Lernziel: **Intonation und Gestik üben, Gesten und Sprache verbinden**		

Hier liegt der Sequenztext „Elles ont visité Nantes“ als Dialog zwischen Mme Bouvier und Julia vor. In dieser Form eignet er sich als chorische Sprechübung und Intonationstraining für die ganze Klasse, die von Gesten unterstützt werden soll. FDT 3 dient dazu, den S französische Gesten bekannt zu machen.
Die Gruppe A, die die Rolle von Mme Bouvier übernimmt, soll Gesten der Neugierde und des Erstaunens wählen, die Gruppe B von Julia soll wegen des verlorenen Portemonnaies eher Unmut und Traurigkeit ausdrücken.
Die Übung führt L nach der Semantisierung der Lexik und ersten Textumwälzung durch.
Wenn die Klasse noch wenig Erfahrung im chorischen Sprechen hat, sollten die Aufwärmübungen (Exercices préparatoires, s. u.) gemacht werden.

Exercices préparatoires: Rythmes et gestes

Les rythmes

Für die folgenden Übungen werden Tische und Stühle zur Seite geräumt. Man kann die Übungen auch vom Platz aus machen lassen, wodurch allerdings die Bewegungsfreiheit etwas eingeschränkt wird. L erklärt, dass es darum geht, „wie aus einem Mund“ zu sprechen, d. h., dass S ein Gruppentempo und einen Sprechrhythmus finden und gemeinsam verständlich sprechen.
Dazu teilt L zunächst die Klasse in zwei Gruppen A und B ①. S stellen sich so eng zusammen, dass sie sich wie eine Person fühlen können, und richten ihren Blick geradeaus auf die andere Gruppe ②. Die Gruppe A beginnt mit einem «Oui!» und die Gruppe B mit einem «Non!», das sie zunächst auf Einzählen «un, deux, trois», dann ohne Hilfe immer abwechselnd in unterschiedlichen Betonungen sagen ③.
Wichtig ist, dass nicht einzelne S schneller oder langsamer, lauter oder leiser als die Gruppe sprechen ④. Es ist also wichtig das erste Wort sehr genau einzuüben.

Consignes

① Formez deux groupes égaux A et B.
② Serrez-vous les uns contre les autres et regardez l’autre groupe droit dans les yeux comme si vous étiez une seule personne.
③ Groupe A, dites «Oui!» et groupe B, répondez avec «Non!». Essayez de trouver un rythme commun.
④ Faites attention de bien parler ensemble: ne parlez ni plus vite ni plus lentement, plus fort ou plus doucement que les autres.

Les gestes

Danach wird das Gleiche mit unterschiedlichen Gesten inszeniert. Die Gruppe A findet einen gemeinsamen körperlichen Ausdruck ① und „friert“ diese Pose „ein“ ②. Die Gruppe B antwortet mit einer eigenen Geste ③. In einem weiteren Schritt verbinden S die Geste mit einem Laut ④.

Exemple

Die Gruppe A macht einen Schritt nach vorn und streckt dabei die rechte Hand in die Höhe. / Standbild (Pose „einfrieren“.) / «Oah!»
Die Gruppe B weicht zurück und streckt beide Hände aus. / Standbild / «Wom!»

Consignes

① Trouvez un geste commun pour votre groupe.
② Faites le geste tous ensemble et ne bougez plus.
③ Groupe B, répondez en faisant votre geste.
④ Recommencez l’exercice en faisant un geste et un son commun p.ex. «Oah!».

Exercice principal

Nach der Aufwärmübung bleibt die Klasse in zwei Gruppen geteilt, die Gruppe A spielt Mme Bouvier (s. grau unterlegte Textstreifen der FDT 4), die Gruppe B Julia (s. weiße Textstreifen der FDT 4). Die beiden Gruppen finden für die Neugierde und das Erstaunen von Mme Bouvier und für den Unmut und die Traurigkeit von Julia typische Gesten und probieren sie gemeinsam aus ①. Dafür sind die Zeichnungen auf FDT 3 und FDT 13, S. 34 hilfreich. Es geht darum, klare Haltungen mit eindeutigen Gesten zu wählen, die auch in der Gruppe wirken.
Jede Gruppe übt ihre drei Gesten mehrmals und „friert" sie in der jeweiligen Pose „ein" ②. Dann zeigt die Gruppe A eine ihrer Gesten und „friert" sie „ein".
Die Gruppe B antwortet mit ihrer Geste und „friert" sie ebenfalls „ein" etc.
Im dritten Schritt macht die Gruppe A ihre Geste, verharrt in der Pose und sagt einen Satz aus dem Dialog (s. FDT 4). S sprechen nun chorisch im Wechsel den Dialog. L gibt Signale zum Wechseln der Posen/Gesten und zum Sprechen.
Die Gruppe B antwortet auf die gleiche Weise ③.

Consignes

① Trouvez trois gestes différents communs à votre groupe. Ils doivent bien exprimer les sentiments de Mme Bouvier et ceux de Julia. Pour vous aider, regardez les fiches de travail 3 et 13.

② Entraînez-vous. Faites le premier geste et ne bougez plus. Puis faites le deuxième geste, ne bougez plus et faites pareil pour le troisième geste.

③ Maintenant, groupe A, faites un geste, ne bougez plus et dites une phrase du dialogue. Groupe B, répondez aussi avec un geste et votre phrase.

«Ce n'est pas ma faute!» 	«Quelle barbe!» («C'est ennuyeux!») 
«Aïe, aïe, aïe!» 	«Mon œil!» («Je ne te crois pas.») 
«Ça m'est égal.» 	avoir un poil dans la main (être paresseux/-se) 
«J'en ai marre!» 	«C'est super!» 
«Je n'en sais rien.» 	«J'ai une idée.» 
être énervé/e 	menacer quelqu'un 

Mme Bouvier: Bonsoir, les filles, comment vas-tu, Julia?
Julia: Bien, merci. Enfin, je ... Nous sommes un peu fatiguées ...
Mme Bouvier: Qu'est-ce que vous avez fait aujourd'hui? Vous avez visité Nantes?
Julia: Oui, on a fait un rallye, on a pris le tramway et on a aussi beaucoup marché. Mais ...
Mme Bouvier: Alors, qu'est-ce que tu as vu, Julia?
Julia: La cathédrale, le château, le musée Jules Verne ...
Mme Bouvier: Bien, et quoi encore?
Julia: On a regardé les vitrines de la rue Crébillon.
Mme Bouvier: Super, et quoi encore?
Julia: Ensuite, j'ai téléphoné et Charlotte a attendu devant la cabine.
Mme Bouvier: Tu as eu des problèmes de langue, Julia?
Julia: Non, enfin pas trop, j'ai compris et appris beaucoup de choses, mais ...
Mme Bouvier: Vous avez vu les quais?
Julia: On a commencé le rallye quai de la Fosse.
Mme Bouvier: C'est très bien. Et vous êtes allées dans le centre?
Julia: Oui, on a visité le centre et on a vu un passage avec des magasins.
Mme Bouvier: Ah! Est-ce que tu as acheté des souvenirs, Julia?
Julia: Non, parce que ...
Mme Bouvier: Mais pourquoi est-ce que tu pleures?

À plus! 2 Unité 2, Séquence 2, S. 32	▶◀ ✤	eine FDT 5 (in Streifen zerschnitten)
Lernziel: **Rekonstruieren des Sequenztextes in Partnerarbeit**		

In dieser Übung rekonstruieren S den Sequenztext «Elles sont allées au commissariat», indem sie die passenden Sätze zusammentragen. Diese Aktivität führen S vor der Behandlung des Textes in Séquence 2 durch, da ihnen die Geschichte von Julias Portemonnaie bereits bekannt ist.
Die folgende Übung regt zu einem spielerischen Einstieg in die Textarbeit an. Interesse und Neugier der S werden geweckt, da alle S sich intensiv mit dem Vokabular beschäftigen und sich dieses zu großen Teilen selbstständig erschließen.

Exercice préparatoire: Texte à trous

Die Übung wird vom Platz aus gemacht. L liest aus der letzten Séquence bekannte Sätze vor (s. u.) und bittet S, sich zu melden, wenn sie den Satz vervollständigen können ①. Wer sich zuerst meldet, kann seine Lösung sagen ②. Wenn diese stimmt, erhält S 1 einen Punkt ③, wenn nicht, kommt S 2 an die Reihe. So erarbeiten S die Sätze mit dem bekannten Vokabular und vervollständigen sie.

Énoncé In Klammern steht die Ergänzung, die S finden müssen.

Les parents de Charlotte rentrent [chez eux / à la maison /...].
Ils ne voient pas [les filles].
Bonsoir, les filles, comment [allez-vous]?
Comment [vas-tu], Julia?
Nous sommes un peu [fatiguées].
Hier, vous avez écouté des CD jusqu'à [minuit].
Alors, vous avez visité [Nantes]?
Oui, on a fait un [rallye].
On a vu la cathédrale, [le château, le musée Jules Verne].
Julia a téléphoné, moi, j'ai attendu devant [la cabine].
Tu as eu des problèmes de [langue]?
Vous avez vu [les quais]?
On a vu un passage avec des [magasins].
Est-ce que tu as acheté des [souvenirs], Julia?
Mais, qu'est-ce que [tu as], Julia?
Pourquoi est-ce que [tu pleures]?

Consignes
① Je vous lis des phrases incomplètes. Trouvez les mots qui manquent. Ce sont les phrases de la dernière séquence.
② Levez le doigt si vous avez la réponse.
③ Le premier ou la première qui trouve la solution gagne un point.

Exercice principal

Für diese Übung werden Tische und Stühle zur Seite geräumt, sodass alle S sich frei bewegen können ①.
Auf FDT 5 sind die Schlüsselsätze des Sequenztextes minimal verändert und in zwei Hälften geteilt. Sie werden von L auseinandergeschnitten, vermischt und ausgeteilt ②.
S vervollständigen ihren Satz, indem sie sich zu Paaren zusammenfinden ③. Wenn sich die entsprechenden Partner zusammengefunden haben, lesen sie den Satz mehrmals laut ④.
Haben sich alle Partner gefunden, versuchen S, den Text als Ganzes zu rekonstruieren ⑤. Eine der Zweiergruppen fängt an, ihren Satz zu lesen. Die Gruppe, die den vorausgehenden Satz besitzt, stellt sich daneben und liest ihren eigenen Satz ⑥. So bauen S den Text zusammen. Hierzu müssen S miteinander über die richtige Lösung diskutieren ⑦. Zum Abschluss lesen S den Text vollständig vor ⑧.

Conseils

- Auf FDT 5 sind insgesamt 18 Sätze, d. h., 36 S können teilnehmen. Falls die Anzahl der S ungerade ist, sollte L mitmachen.
- Je nach Schüleranzahl können auch Textstreifen weggelassen werden. Zum Weglassen eignen sich die Sätze 1, 8, 13 und 16.

Consignes

① Écartez les tables et les chaises.
② Voici des phrases et des répliques coupées en deux.
③ Promenez-vous dans la classe et lisez votre partie de phrase aux autres. Retrouvez les deux parties qui vont ensemble.
④ Quand vous avez trouvé votre partenaire, dites la phrase ou le dialogue entier plusieurs fois ensemble.
⑤ Avec les autres, remettez le texte dans l'ordre.
⑥ [Nom de deux élèves], dites votre phrase. Le groupe qui a le texte avant ou après se met à côté et dit sa phrase, et ainsi de suite.
⑦ Mettez-vous d'accord ensemble sur l'ordre logique du texte.
⑧ À la fin, relisez ensemble le texte dans l'ordre.

Alternative

L kann die Satzstreifen auch auf Folie kopieren, auseinanderschneiden und S auffordern, sie auf dem OHP zu ordnen. Danach lesen S den Text gemeinsam, indem jede/r S den von ihm/ihr zugeordneten Textschnipsel vorliest.
Nun kann sich ein gemeinsames chorisches Lesen anschließen (siehe Methodenübersicht, S. 53).

Elles sont allées au commissariat

Les Bouvier sont à table. Ils	discutent du problème de Julia.
Après le rallye, les deux filles sont entrées dans	un magasin, Julia a cherché son porte-monnaie dans son sac ... Pas de porte-monnaie.
Elles sont vite sorties du magasin et elles sont retournées sur les	quais, elles sont remontées au château, elles sont redescendues du château.
Elles ont retrouvé la cabine téléphonique mais	... pas le porte-monnaie.
Elles ont été partout, elles ont regardé partout, puis	elles sont rentrées, déprimées.
«– Est-ce que tu es allée au commissariat?	– Oui, on a été au commissariat.»
Pour Julia, c'est la catastrophe:	Elle a perdu cinquante euros.
Sa carte d'identité est restée dans sa	valise. C'est déjà ça!
Les Bouvier prennent leur dessert quand on sonne. C'est	un garçon de seize ou dix-sept ans.
«– Bonjour. Je m'appelle Anthony Garenne. Je ne	veux pas vous déranger, mais j'ai trouvé un porte-monnaie.
– Merci beaucoup. Comment est-ce que	tu as trouvé mon nom et mon adresse ici?
– J'ai trouvé un papier dans le porte-monnaie avec un numéro de téléphone. Alors,	j'ai fait le numéro ...
– C'est le numéro de Nora, ma copine. Les numéros	de téléphone et moi, ça fait deux. Je ne le sais pas par cœur, ce numéro.
– Eh bien, j'ai appelé ta copine, elle a vite compris le problème. Voilà	comment j'ai eu ton nom et ton adresse ici.
– Tu parles allemand?	– Un peu, j'ai fait quatre ans d'allemand.
– Ça a été un peu dur pour expliquer tout ça ... mais	ça a marché.
Je viens un peu tard parce que je joue au foot le mercredi	après-midi, mais je suis venu tout de suite après le match.
Ton porte-monnaie est un porte-bonheur.	Mon équipe a gagné.»

À plus! 2 Unité 3, Séquence 1, S. 46	►◄	drei FDT 6 (in Streifen zerschnitten)
Lernziel: **Argumente formulieren, Tonfall und Satzmelodie üben**		

Dieser Sequenztext handelt von einem Phänomen, das alle S gut kennen und das sie nachempfinden können: man weiß, dass man arbeiten muss, hat aber andere, verführerische Ideen, die Zeit zu verbringen. In dieser Übung soll mit dem Bild des Engels, der Charlotte zum Arbeiten anregt, und dem des Teufels, der sie davon abhalten will, gearbeitet werden.
Ziel der Übung ist es, durch Nachahmen von Tonfall und Satzmelodie, S zum Sprechen anzuregen und argumentativ eine Situation herzustellen, die wahrscheinlich alle gut kennen. Hierbei kann L auch zum Übertreiben ermutigen.

Exercice préparatoire: La tentation

Tische und Stühle werden zur Seite geräumt ①. S bilden Dreiergruppen ②. S 1 steht in der Mitte, S 2 und S 3 stehen rechts und links von ihm/ihr ③. Sie versuchen abwechselnd S 1 auf ihre Seite zu ziehen, indem sie möglichst verführerisch den kurzen Satz „Viens avec moi!" sagen ④. S sollen nicht argumentieren, sondern nur durch den Tonfall überzeugen. S 1 wird aufgefordert, dem Schmeicheln nachzugeben und sich auf die eine, dann auf die andere Seite ziehen zu lassen. Dieses „Ziehenlassen" erfolgt ohne Berührung, sondern nur über die Stimme ⑤. In den weiteren Durchgängen werden die Rollen getauscht, damit jede/r einmal „Verführer/in" sein kann.

Consignes

① Écartez les tables et les chaises.
② Formez des groupes de trois.
③ Un élève est au milieu, les deux autres à sa gauche et à sa droite.
④ Les élèves sur les côtés doivent attirer l'élève du milieu en disant la phrase «Viens avec moi!». Jouez avec la voix: changez l'intonation, le volume et le rythme de la phrase.
⑤ L'élève du milieu ferme les yeux et se dirige vers l'élève qui l'appelle.

Exercice principal

Die folgende Übung funktioniert nach dem gleichen Prinzip. Hier wird zusätzlich mit dem Engelchen und dem Teufelchen (s. Sequenztext) gespielt, um Charlotte zu überzeugen. Die Dreiergruppen bleiben in der gleichen Form bestehen.

Man kann diese Figuren bereits bei der Semantisierung einsetzen (s. FDT 6). L schreibt an die Tafel: „Fais tes devoirs, [nom d'un/e élève]!" und heftet das Bild mit dem Engelchen an die Tafel. Er/Sie führt das Wort „un ange" ein und schreibt an die Tafel: „Oui, fais tes devoirs tout de suite!". Danach wird das Bild mit dem Teufelchen angehängt. L führt das Wort „le diable" ein und fragt: „Que dit le diable?" Kommen S nicht sofort auf eine Antwort, kann L auch noch „écouter un CD" oder „jouer à l'ordinateur" anschreiben. S sollte klar werden, dass es sich bei Engel und Teufel sozusagen um innere Stimmen handelt. Nun setzt L die CD (Hörtext) ein, da sich Tonfall und Stimme dort zum Nachahmen eignen.

Jetzt verteilt L die Rollen von Charlotte, dem Teufel und dem Engel und vergibt die jeweiligen Sätze an die Dreiergruppen. Die Engel und Teufel werden aufgefordert, Charlotte zu überzeugen.
Jede Gruppe benötigt ausreichend Platz für sich. S lernen ihren „Verführungssatz" auswendig ①. Nacheinander probieren die Engel und die Teufel Charlotte auf ihre Seite zu ziehen, indem sie ihren Satz aussprechen ② ③. S experimentieren mit ihrem Tonfall und versuchen, Charlotte zu verführen.
L regt an, die Überredungs- bzw. Verführungskünste zu steigern. Im Unterschied zur ersten Übung muss sich Charlotte am Ende entscheiden ④. Sie beendet den Streit mit einem lauten „Stop!" oder „Arrêtez!" und benutzt die Redemittel, die sie von L erhalten hat. Einige Dreiergruppen führen anschließend ihr Verführungsgespräch vor ⑤.

Conseils

- Für die Verteilung kann L die Engel-Sätze in der einen, die Teufel-Sätze in der anderen Hand halten und S ihren Satz ziehen lassen.
- Einzelne Sätze können mehrmals vergeben und beliebig kombiniert werden.
- Je nach Schüleranzahl kann L einzelne Sätze von Engeln oder Teufeln an je zwei S vergeben, die den Satz im Chor sprechen.

Consignes

① Apprenez votre phrase par cœur.
② Les anges, commencez en prononçant votre phrase de manière très séduisante. Vous voulez convaincre Charlotte.
③ Maintenant, c'est au tour des diables: dites votre phrase.
④ Dites vos phrases cinq fois. Puis, Charlotte se décide pour l'un ou l'autre et termine le jeu en disant une phrase.
⑤ Jouez votre scène devant la classe.

Alternative

Als Erweiterung werden die S gebeten, nach dem gleichen Prinzip vorzugehen und eigene Argumente zu finden. L kann hier ein Beispiel geben („Fais tes devoirs de maths" / „J'ai envie d'aller à la piscine"). Einige Ergebnisse der Erweiterungsübung werden wieder vorgespielt.

Consigne

Trouvez d'autres arguments d'ange ou de diable et recommencez le même exercice.

On pourrait aider Isabelle pour son dessert ...

Commence par ton exposé, Charlotte!

Téléphone à ta copine, Charlotte.

Prépare ton exposé d'histoire pour demain.

Le plaisir passe avant l'école!

L'école passe avant le plaisir.

Écoute la radio, Charlotte!

Un peu de caractère, Charlotte!

Il y a «Planète Hip».
Tu adores cette émission, Charlotte.

Travaille ton accordéon, Charlotte!

Lis «Okapi»! Il y a un article très intéressant.

Charlotte, commence à travailler maintenant!

Charlotte: Stop! / Arrêtez!
J'ai envie de ...,
mais je vais ... /
Je dois ..., mais je vais ...

Unité 4 Il faut faire quelque chose

À plus! 2 Unité 4, Séquence 1, S. 64	▶◀	FDT 7 (je 2 S eine), FDT 8 (eine pro S)
Lernziel: **Eine Szene spielen**		

In diesem Text geht es um das Thema „Gewalt an der Schule".
Nach der Semantisierung der Lexik und der Besprechung des Textes, evtl. auch in der darauffolgenden Stunde, üben S den Text als Rollenspiel ein. Dafür ist es wichtig, S für die Aggression der beiden großen Jungen eine Geste finden zu lassen, die die Gewalt andeutet und die eindeutig ist. Die Zeichnungen auf S. 64 im SB können darauf Hinweise geben.

Exercice préparatoire: Le haut-parleur

L gibt S je einen der beiden Sätze A oder B (s. FDT 7) ①. Die Übung wird vom Platz aus gemacht. S wählen eine Geste, die den Satz begleitet ②. S 1 spricht seinen/ihren Satz (A) laut aus und macht seine/ihre Geste ③.
S 2 (B) antwortet ④. Diese Übung wird schnell aufeinanderfolgend mit mehreren Schülerpaaren durchgeführt.
Für die Durchführung wählt L zwei möglichst weit auseinandersitzende S aus.

Consignes

① Lisez votre phrase. Apprenez-la par cœur.
② Trouvez un geste qui illustre la phrase. Par exemple, pour exprimer la colère, vous pouvez lever la main comme le fait le garçon, page 64 dans votre manuel.
③ [Nom d'un/e élève (A)], parle bien fort en faisant ton geste.
④ [Nom d'un/e élève (B)], dis ta phrase bien fort et fais ton geste.

Exercice principal

S bilden Sechsergruppen. Tische und Stühle werden zur Seite geräumt ①. Jede Gruppe begibt sich in eine Ecke des Klassenraums, um die Szene zu üben. L verteilt FDT 8 und die Rollen ②. S markieren ihre Sätze und lernen sie auswendig ③. Dann sucht sich jede/r S die passende Haltung oder Geste, die er/sie einnimmt bzw. macht, bevor er/sie den Text spricht ④. Wenn die Gruppen die Szene mehrmals geübt haben ⑤, spielen sie sie der Klasse vor ⑥.

Consignes

① Écartez les tables et les chaises.
② Formez des groupes de six et répartissez les rôles.
③ Surlignez votre texte et apprenez-le par cœur.
④ Choisissez un geste pour interpréter votre phrase/personnage.
⑤ Maintenant, jouez la scène. Faites d'abord le geste choisi, ne bougez plus, puis dites votre texte.
⑥ Jouez la scène devant la classe.

FICHE DE TRAVAIL 7 Il faut faire quelque chose

A Tu nous donnes ton portable!	(bedrohlich)
B Non, je ne le te donne pas!	(eingeschüchtert)

FICHE DE TRAVAIL 8 Il faut faire quelque chose

Un petit garçon se promène et téléphone avec son portable.	
Garçon 1: Tu nous donnes ton portable.	(bedrohlich)
Garçon 2: Ou on te casse les dents.	(bedrohlich)
Petit garçon: Non!	(eingeschüchtert)
Charlotte: Qu'est-ce que vous lui faites? Arrêtez.	(wütend)
Garçon 1: Ouh, là, là ... Elle nous fait peur!!	(spöttisch)
Garçon 2: Elle est trop mignonne!	(spöttisch)
Garçon 1 et Garçon 2 lâchent l'enfant qui tombe. Ils tiennent Charlotte par le bras.	
Charlotte: Au secours, au secours!	(eingeschüchtert)
Garçon 1: Ne crie pas!	(wütend und brutal)
Garçon 2: Arrête!	(wütend und brutal)
Deux jeunes hommes arrivent. Garçon 1 et Garçon 2 lâchent Charlotte et partent avec le portable.	
Jeune homme 1: Ne partez pas si vite, on veut vous parler!	(entrüstet)
Jeune homme 2: Ils sont courageux!	(Kopf schüttelnd)
Charlotte: Tu es blessé? Ils t'ont fait mal?	(besorgt)
Jeune homme 1: Fais voir! Hm ... Tu as mal au ventre?	(besorgt)
Petit garçon: Non, là, au bras ... et à la jambe.	(weinend)
Jeune homme 2: Ce n'est pas trop grave.	(Er streichelt den Kopf des kleinen Jungen.)
Charlotte: Ne pleure plus ... On va à la pharmacie.	(Sie tätschelt ihm die Wange.)

À plus! 2 Unité 4, Séquence 2, S. 68	✤	eine FDT 9 (in Textstreifen zerschnitten)
Lernziel: **Argumente formulieren, Tonfall und Satzmelodie üben**		

In diesem Sequenztext geht es um das Thema „Gewalt an der Schule", das bereits in der ersten Séquence dieser Unité angesprochen wurde.
Da sowohl Thema als auch Wortschatz zum Teil eingeführt sind, kann L die Semantisierungsphase relativ kurz halten. Die hier vorgestellte Übung eignet sich zur Texteinführung oder Wiederholung des schon behandelten Textes.
Ziel der Übung ist es, dass die S auf lockere Art und Weise eine Beziehung zwischen Text, körperlichem Ausdruck und Aussprache aufbauen.

Exercice préparatoire: Attention la marche!

Es ist empfehlenswert, die vorgeschlagene Aufwärmübung durchzuführen.
Am besten werden Tische und Stühle zur Seite geräumt, sodass sich S frei in der Klasse bewegen können ①.
Zunächst gehen sie im Klassenzimmer umher. L erklärt, wie S sich im Raum bewegen sollen („démarche neutre"). Ist eine Klasse noch unerfahren in dieser Übung, muss L Zeit darauf verwenden, S klar zu machen, dass keine privaten Gespräche und keine Gesten zugelassen sind und dass S nicht paar- oder gruppenweise gehen dürfen ②.
L sollte außerdem versuchen, ein Raumgefühl zu schaffen, indem S den ganzen zur Verfügung stehenden Raum ausnutzen, Lücken füllen und keine Gruppen bilden ③.
Dann gibt L Situationen vor und S gehen entsprechend ④. L achtet darauf, dass die Gangart nur auf sein/ihr Zeichen hin geändert wird. Das kann z. B. ein Klatschen sein.
L kann zwischendurch immer wieder eine „démarche neutre" vorgeben.
Danach gehen S weiter und sprechen dabei je nach Gangart den Satz „Bonjour, j'ai 13 ans" aus ⑤. L kann diese Übung auch variieren und S auf ein Klatschen hin eine Gangart und damit auch die Intonation des Satzes selbst wählen lassen.

Consignes

① Écartez les tables et les chaises.
② Marchez lentement, regardez droit devant vous, ne faites aucun geste et ne vous déplacez pas en groupes. On appelle cela une «démarche neutre».
③ Ne parlez pas et ne vous bousculez pas. Occupez toute la place.
④ Marchez sur la pointe des pieds (vormachen). / Marchez sur les talons. / Marchez avec les jambes en forme de «x» puis de «o». / Marchez dans le sable. / Marchez sur une pelouse mouillée. / Vos pieds sont collés au sol par un chewing-gum. / Vous êtes en retard pour aller à la gare. Dépêchez-vous! / Marchez comme un chat. / Marchez comme un héros de western.
⑤ Maintenant, dites la phrase «Bonjour, j'ai 13 ans» en courant vite / en courant lentement / en marchant sur les talons / en marchant avec les jambes en forme de «x» puis de «o» / en marchant dans le sable / en marchant sur une pelouse mouillée / …

Exercice principal

Der Sequenztext auf FDT 9 wurde leicht verändert. L teilt die 33 Papierstreifen aus. S lernen ihren Satz auswendig, während sie sich im Raum bewegen ①. Hierzu können sie ihren Satz zunächst gehend vor sich hin murmeln ② und ihn dann der von L vorgegebenen Gangart anpassen ③.

Conseil In kleineren Klassen, kürzt L den Text (s. FDT 9) um entsprechend viele Sätze. Achten Sie darauf, dass es sich dabei nicht um aufeinanderfolgende Sätze handelt.

Danach bleiben alle S im Klassenzimmer stehen und schließen die Augen, um sich konzentrieren zu können ④. L geht auf leisen Sohlen durch die Klasse und berührt einzelne S an der Schulter. Auf dieses Signal hin sagen S den gelernten Satz laut und deutlich ⑤. So hören alle S alle Sätze. Aussprachefehler korrigiert L sofort nach jedem Satz. S wiederholt den Satz ggf. korrekt. Die Sätze werden dann erneut geübt, ohne Signal des L. Sollten zwei S auf einmal zu sprechen anfangen, hört eine/r auf und lässt dem/der anderen den Vortritt ⑥.

Wenn alle Sätze mehrmals gehört worden sind, bringen S sie in eine chronologische Reihenfolge ⑦. Die S stehen dazu (mit geöffneten Augen) im Kreis und stellen sich nach und nach entsprechend der zeitlichen Abfolge der Geschichte auf.
S 1 beginnt, indem er/sie seinen/ihren Satz sagt. Wer glaubt, den Text durch seinen/ihren Satz fortsetzen zu können, stellt sich neben S 1 u. s. w. ⑧. Hierzu müssen S über die richtige die Reihenfolge diskutieren ⑨. L sollte kaum/nicht eingreifen. Am Ende erhält man eine gemeinsame „Klassenfassung“ des Sequenzstextes, die noch einmal reihum in der richtigen Reihenfolge gesprochen wird ⑩.
Daran schließt sich die Hausaufgabe an, den Lektionstext zu lesen und die Vokabeln zu lernen.

Consignes

① Marchez dans la classe. Ne parlez pas. Ne vous bousculez pas. Regardez droit devant vous et apprenez votre phrase par cœur en marchant.
② Murmurez la phrase en marchant. Répétez-la plusieurs fois.
③ Dites votre phrase à voix haute avec une démarche neutre. Maintenant, marchez comme un enfant / un pépé / une mémé / une star / ...
④ Arrêtez de marcher et de parler, restez debout et fermez les yeux.
⑤ Quand je vous touche l'épaule, dites votre phrase. Les autres écoutent bien.
⑥ Maintenant, je ne vous touche plus. Dites votre phrase quand vous le voulez. Si deux élèves commencent en même temps, un d'eux s'arrête.
⑦ Avec les autres, remettez l'histoire dans l'ordre.
⑧ [Nom d'un/e élève], dis ta phrase. Celui ou celle qui pense avoir la phrase d'après se met à côté de [nom de l'élève] et dit sa phrase, et ainsi de suite.
⑨ Mettez-vous d'accord sur l'ordre logique du texte.
⑩ À la fin, récitez ensemble le texte dans l'ordre.

FICHE DE TRAVAIL 9 On ne peut pas accepter ça

Charlotte arrive en retard au collège.	– Son copain est blond, pas très grand.
Le surveillant a déjà fermé la porte.	– On les connaît, ce sont Ibrahim et Benoît.
Il n'y a personne dans la cour.	Ils frappent les petits.
Tout le monde est déjà en classe!	Et ils leur volent leurs affaires.
Charlotte doit sonner.	Ou ils leur prennent de l'argent.
Elle déteste ça.	– Il faut aller chez Monsieur Lecomte.
Un surveillant arrive.	– Je ne veux pas les dénoncer.
Il lui ouvre la porte.	– Écoute, on ne peut pas accepter ça.
Mais il n'est pas content.	Ils vont recommencer.
– Tu exagères, Charlotte.	– On parle à Leïla.
– Tu n'es jamais à l'heure.	Leïla va avoir une idée.»
– Je suis désolée, Monsieur.	Leïla est surveillante au collège.
– Mais aujourd'hui ce n'est pas ma faute ...»	Elle est jeune et sympa.
Elle raconte l'histoire à ses camarades.	– Il faut lancer une opération «ruban vert».
– C'est qui, ces deux types?	– Qu'est-ce que c'est, une opération «ruban vert»?
– Tu connais leur nom?	– Quand on porte un ruban vert, ça veut dire: Je suis contre la violence.»
– Un des deux est assez grand, brun.	

Unité 5 Une idée intéressante?

À plus! 2 Unité 5, Séquence 1, S. 82	✥	FDT 3 und FDT 10 (je eine pro S)
Lernziel: **Intonation üben, Gesten und Sprache verbinden**		

Das hier vorgeschlagene Textmaterial ist der Sequenztext „Une idée intéressante?" in reiner Dialogform, den S als Hörtext bereits kennen. Man kann davon ausgehen, dass die Situation den meisten S bekannt ist und deshalb mit einem hohen Grad an Einfühlungsvermögen seitens der S rechnen. In dieser Dialogform eignet sich der Text als chorische Sprechübung und als Intonationstraining für die ganze Klasse. Da es bei der Übung nicht nur um das chorische Sprechen geht, sondern auch darum, dass S einen gemeinsamen gestischen Ausdruck für die Emotionen im Text finden, ist es wichtig, Sprache und Gesten zu verbinden. Französische Gesten finden S auf FDT 3, S. 11.
Wenn die Klasse noch wenig Erfahrung im chorischen Sprechen hat, sollten die Aufwärmübungen gemacht werden.

Exercices préparatoires: Rythmes et gestes

Hier passen zur Erwärmung und Vorbereitung die Exercices préparatoires der Seite 9.

Exercice principal

Tische und Stühle werden zur Seite geräumt. L teilt FDT 10 aus. S bilden zwei Gruppen. Die Gruppe A spielt die Mutter (s. grau unterlegte Textstreifen der FDT 10), die Gruppe B die Tochter (s. weiße Textstreifen der FDT 10). Beide Gruppen finden für die Wut der Mutter und für die der Tochter typische Gesten und probieren sie gemeinsam aus ①. Dafür sind die vorgeschlagenen Gesten auf FDT 3, S. 10 hilfreich. Es geht darum, klare Haltungen mit eindeutigen Gesten zu wählen, die auch in der Gruppe wirken. Jede Gruppe übt ihre drei Gesten mehrmals und „friert" sie in der jeweiligen Pose „ein" ②. Dann zeigt die Gruppe A eine ihrer Gesten und „friert" sie „ein". Die Gruppe B antwortet mit ihrer Geste und „friert" sie ebenfalls „ein" etc.
Im dritten Schritt macht die Gruppe A ihre Geste, verharrt in der Pose und sagt einen Satz aus dem Dialog (s. FDT 10). S sprechen nun chorisch im Wechsel den Dialog. L gibt Signale zum Wechseln der Posen/Gesten und zum Sprechen. Die Gruppe B antwortet auf die gleiche Weise ③.

Consignes

① Trouvez trois gestes différents communs à votre groupe. Ils doivent bien exprimer les sentiments de Mme Bouvier et ceux de Charlotte. Pour vous aider, regardez les fiches de travail 3 et 13.
② Entraînez-vous. Faites le premier geste et ne bougez plus. Puis, faites le deuxième geste, ne bougez plus et faites pareil pour le troisième geste.
③ Maintenant, groupe A, faites un geste, ne bougez plus et dites une phrase du dialogue. Groupe B, répondez aussi avec un geste et votre phrase.

FICHE DE TRAVAIL 10 Une idée intéressante?

Mme Bouvier: Oh, quel désordre!	**Charlotte:** D'accord, je vais ranger demain.
Charlotte: Mais qu'est-ce que tu fais dans ma chambre?	**Mme Bouvier:** Mais, qu'est-ce que c'est, ce nouveau sweat?
Mme Bouvier: Qu'est-ce que c'est?	**Charlotte:** Quel sweat?
Charlotte: Un tube!	**Mme Bouvier:** Le sweat que tu portes.
Mme Bouvier: Un tube de teinture verte pour les cheveux?	**Charlotte:** Il est joli, n'est-ce pas?
Charlotte: Exactement!	**Mme Bouvier:** Je ne le connais pas.
Mme Bouvier: Charlotte, tu perds la tête.	**Charlotte:** Il est à Clémence.
Charlotte: Pourquoi?	**Mme Bouvier:** À Clémence?
Mme Bouvier: Les cheveux verts!	**Charlotte:** Enfin, maintenant il est à moi.
Charlotte: Exactement!	**Mme Bouvier:** Comment ça?
Mme Bouvier: C'est la nouvelle mode?	**Charlotte:** J'ai échangé ma veste bleue contre son sweat.
Charlotte: Moi, je trouve ça très beau.	**Mme Bouvier:** Quoi? Qu'est-ce que tu as dit?
Mme Bouvier: Non, c'est horrible.	**Charlotte:** Il ne te plaît pas?
Charlotte: Et puis, Maman, qu'est-ce que tu fais dans ma chambre?	**Mme Bouvier:** Non, mais je rêve!
Mme Bouvier: Je range.	**Charlotte:** Je fais ce que je veux avec MA veste!
Charlotte: Tu fouilles dans mes affaires?	**Mme Bouvier:** Tu as échangé ta belle veste bleue contre un sweat?
Mme Bouvier: Je ne fouille pas dans tes affaires, je range!	**Charlotte:** Exactement!
Charlotte: Mais Maman, c'est ma chambre!	**Mme Bouvier:** C'était le cadeau de ta grand-mère pour ton anniversaire!
Mme Bouvier: Il y a des vêtements partout, sous le lit, sur les chaises.	**Charlotte:** Oui, mais le noir, ça va mieux avec les cheveux verts.
Charlotte: Oui, mais quand tu ranges, je ne retrouve plus rien.	**Mme Bouvier:** Non, mais je rêve!
Mme Bouvier: Eh bien, tu ranges, toi, s'il te plaît.	**Charlotte:** Heu ... Tu penses que Mamie va être fâchée?

Unité 6 Une catastrophe (1)

À plus! 2 Unité 6, Séquence 1, S. 97	►◄	FDT 11 (eine pro Gruppe)
Lernziel: **Einen Text in eine andere Form übertragen und vortragen**		

Für die Arbeit mit dem Sequenztext „Une catastrophe" bieten sich zwei Aktivitäten an (s. S. 29).
Ziel der ersten vorgeschlagenen Übung ist es, eine Nachrichtensendung zu inszenieren.
Es empfiehlt sich, zuerst die neue Lexik einzuführen und im Anschluss Zeit zu gewähren, das Wort- und Satzmaterial vor der Lektüre spielerisch umzuwälzen. Erst nach dieser Übung lesen S den Text.
Für die Textpräsentation im Stil einer Nachrichtensendung knüpft L an das Weltwissen der S an: S nennen bekannte Nachrichtenformate und ihre äußeren Merkmale.
Einleitend soll es zunächst nur darum gehen, die Form zu imitieren. Dafür üben S eine kleine Nonsens-Präsentation ein und spielen sie vor (Exercice préparatoire s. u.).

Exercice préparatoire: Présentation d'un journal

Tische und Stühle werden zur Seite geräumt ①. S überlegen sich eine kleine Begebenheit, die im Schulalltag vorkommt ②.
Dann laufen sie in der Klasse herum und erzählen diese Information möglichst vielen S. Sie sollen keine Konversation beginnen ③. Wenn Unklarheiten über Formulierungen bestehen, fragen S bei L nach.
Danach wird diese Information aus dem Schulalltag als Nachricht im „Fernsehen" präsentiert ④. Alle Nachrichten beginnen S mit einer Begrüßung, die L vorgeben kann. S nennen auch den Ort des Geschehens ⑤.
Die Klasse stellt sich nun in zwei Reihen auf, die in Form eines Dreiecks spitz zulaufen. Im Reißverschlussverfahren treten S einzeln vor, setzen sich auf den Stuhl vorn in der Mitte und präsentieren ihre Nachricht ⑥.

Conseil L stellt ggf. einen Bilderrahmen zur Verfügung, den S als Fernseher benutzen.

Consignes

① Écartez les tables et les chaises.
② Trouvez un évènement qui peut arriver un matin à l'école ou à la maison. Par exemple: «Ce matin, [nom d'un/e élève] s'est réveillé/e trop tard.»
③ Marchez dans la salle et dites cette information à tous les élèves que vous rencontrez. Dites seulement cette information et rien d'autre.
④ Maintenant, chaque élève va présenter cette information à la télévision pendant le journal de 20 heures.
⑤ Je vous donne un exemple de nouvelle: «Mesdames et messieurs, bonsoir. À Berlin, ce matin, Theo a mangé une tartine de miel.»
⑥ Pour la présentation, formez deux rangées qui se rejoignent à une extrémité. [Nom d'un/e élève de la rangée de droite], assieds-toi sur la chaise et présente ta nouvelle, ensuite c'est au tour de [nom d'un/e élève de la rangée de gauche].

Exercice principal

Nachdem S mit dem Format „Nachrichtensendung“ vertraut sind und die neuen Vokabeln der Sequenz kennen, bilden sie Fünfergruppen ①, die jeweils FDT 11 bekommen. Jede/r S erhält einen Textstreifen der FDT 11 und formuliert zwei Sätze mit Hilfe der vorgegebenen Strukturen ②, die er/sie auswendig lernt ③. Danach ordnen die Gruppen die Sätze und entwerfen damit eine Nachrichtensendung ④, die sie dann im Stil der Sendung vortragen ⑤. Anschließend hören S den Text von der CD.
Als Hausaufgabe lesen S den Text und lernen die Vokabeln.

Consignes

① Formez des groupes de cinq. Partagez la fiche de travail 11.
② Chaque élève construit deux phrases avec les mots de sa fiche.
③ Apprenez ces deux phrases par cœur.
④ Préparez en groupe un journal télévisé. Trouvez d'abord un ordre pour dire les phrases. Entraînez-vous à parler comme des présentateurs. Vous avez 10 minutes.
⑤ Présentez votre journal à la classe.

Solution (Proposition)

Bonsoir mesdames et messieurs, nous commençons ce journal avec une catastrophe en Bretagne.
Un bateau perd du pétrole depuis cet après-midi.
Le bateau a déjà perdu entre 14 000 et 20 000 tonnes de pétrole.
On voit une grande tache noire dans la mer.
Il y a du vent, et la marée noire arrive sur la côte.
Les oiseaux, les poissons et les coquillages vont mourir.
La marée noire va polluer les plages.
C'est vraiment horrible pour tous les Bretons.
Vous pouvez proposer votre aide.
Voici le numéro des organisations qu'il faut appeler: 0 800 800 008.
(C'est tout pour ce soir. Merci de votre attention et excellente soirée.)

catastrophe mesdames bonsoir en Bretagne commencer et messieurs journal

____

après-midi perdre pétrole bateau depuis

____

entre 14 000 perdre bateau pétrole déjà 20 000 tonnes

____

voir grande noire mer tache

____

sur vent marée côte arriver noire il y a

____

oiseaux mourir poissons coquillages aller

____

plages noire polluer marée aller

____

vraiment tous horrible Bretons être pour

____

aide proposer pouvoir vous

____

organisations numéro appeler 0 800 800 008 faut voici

____

À plus! 2 Unité 6, Séquence 1, S. 97	▶◀	FDT 12 (eine pro S)
Lernziel: **Eine Szene spielen**		

Nach dieser intensiven spielerischen Beschäftigung mit dem Sequenztext (s. S. 26) arbeiten S nun an einer anderen Form der szenischen Umsetzung (Phase 2 der Textarbeit Unité 6 / Séquence 1). Eine kleine Aufwärmübung zu Beginn der Stunde hilft den Ablauf zu beschleunigen.

Exercice préparatoire: Le haut-parleur

Zu Beginn der Stunde wiederholen alle S ihre Sätze der FDT 11, S. 28 ①. Diese Übung erfolgt diesmal vom Platz aus. S rufen sich über eine gewisse Distanz in der Klasse ihre Sätze zu. L wählt zwei möglichst weit auseinandersitzende S aus, die sich ihre Nachrichtensätze über einen großen Wassergraben zurufen ②. Dazu nehmen sie eine entsprechende Geste des Rufens ein: sie rufen mit einer als Trichter vor den Mund gehaltenen Hand ③. Dies führen mehrere Paare schnell aufeinanderfolgend durch.

Consignes

① Répétez vos deux phrases du journal télévisé juste pour vous plusieurs fois à voix haute.
② Maintenant, imaginez la situation suivante: [noms de deux élèves], vous êtes des deux côtés d'un fleuve et vous voulez vous raconter l'évènement.
③ Mettez vos mains en forme de haut-parleur et criez bien fort pour que l'autre entende.

Exercice principal

S spielen das Gespräch (s. FDT 12) in der Familie vor dem Fernseher nach. Die Übung wird vom Platz aus gemacht. S bilden Vierergruppen ①, erhalten FDT 12 und verteilen die Rollen. Sie markieren ihre Sätze und lernen sie auswendig ②. Sie wählen eine Geste, die die Sätze begleitet ③. S üben anschließend das Gespräch als Rollenspiel ein. Hierzu nehmen sie („vor dem Fernseher") Platz ④ und nehmen, die zu der Person passende Haltung ein und sprechen dann den Satz aus ⑤ ⑥. S achten dabei auf die Reihenfolge. Am Ende spielen einige Gruppen ihre Szene vor.

Consignes

① Formez des groupes de quatre.
② Répartissez les rôles. Surlignez votre texte et apprenez-le par cœur.
③ Choisissez une pose ou un geste pour interpréter votre personnage.
④ Entraînez-vous. Asseyez-vous sur les chaises.
⑤ Faites d'abord le geste ou la pose choisi/e puis dites votre texte.
⑥ Jouez la scène devant la classe.

La mère: C'est toujours pareil, ils laissent circuler des bateaux pourris et dangereux.

Marie: C'est grave?

Yann: Ça dépend.

Marie: De qui?

Yann: Demande plutôt «de quoi». Ça dépend du vent, des marées, de la quantité de pétrole.

M. Leroy: Quoi! Il y a une marée noire? Où ça?

Yann: Sur la côte sud, pas loin de Vannes et de La Baule. Un bateau perd son pétrole depuis cet après-midi.

M. Leroy: Ce n'est pas possible. Tout son pétrole? Combien? Combien?

Yann: On ne sait pas encore.

La mère: Yann, va chercher un crayon! Il faut noter le numéro des organisations qu'il faut appeler pour proposer son aide.

Quoi? Il y a une marée noire?
Où ça?

À plus ! 3

Unité 1 La surprise

À plus! 3 Unité 1, Séquence 2, S. 15	✣	FDT 13 (eine pro S), eine FDT 14 (in Textstreifen zerschnitten)
Lernziel: **Mit Emotionen arbeiten**		

Hier wird ein affektiver Zugang zum Sequenztext „La surprise" initiiert.
In der Vorübung üben S, Emotionen zu spüren und sie körperlich bis zur Übertreibung auszudrücken. Es kann hilfreich sein, eine beruhigende Musik im Hintergrund laufen zu lassen.
Nach der Semantisierung der neuen Lexik und der Einführung des Sequenztextes verfahren S ähnlich mit diesem neuen Text. Die Verknüpfung von Text und Emotion aktiviert das physische Gedächtnis und ermöglicht so eine Steigerung der Behaltensleistung.

Exercice préparatoire: Éventail des émotions

Tische und Stühle werden zur Seite geräumt ①. Zuerst stimuliert L verschiedene Gefühle durch Bildimpulse (s. FDT 13) und führt dabei den entsprechenden Wortschatz ein: „la joie, la tristesse, la colère, la peur, la surprise, être amoureux /-euse, ..." L fordert S auf, andere ihnen bekannte Gefühle zu nennen ②.
Dann bewegen sich S durch den Klassenraum in einer „démarche neutre" und nutzen den gesamten Raum ③.
L gibt jetzt die Emotion „la joie" vor. S gehen weiter und dabei sollen sie diese Emotion aufbauen, d. h. langsam in sie „hineingehen" ④, um auf ein Klatschzeichen hin in einer Pose zu erstarren. In einem nächsten Schritt übertreiben S diese Pose und „frieren" diese wieder „ein" ⑤. Diese Übung wird mit unterschiedlichen Emotionen durchgeführt ⑥, wobei L möglichst eindeutige und starke Emotionen wählt.

Conseil L kann genauere Anweisungen ab und zu wiederholen, z. B.: „Essayez de sentir monter la colère en vous. Pensez à un évènement qui vous a mis en colère."

Nach mehreren Durchgängen gibt L die Emotionen nicht mehr vor. Auf das Klatschzeichen hin stellen S eine ausgesuchte Emotion ihrer Wahl dar ⑦. S treten nun scheinbar in nonverbale Interaktion, indem S 1 seine Pose einnimmt und dabei S 2 ansieht, der/die mit seiner Pose antwortet ⑧.
Anschließend begleiten S die Emotion mit einem Laut, z. B. bei „surprise" mit einem überraschten „Oh!", und zeigen dabei die entsprechende Pose ⑨.

Consignes

① Écartez les tables et les chaises.
② Regardez les dessins de la fiche de travail 13. Connaissez-vous d'autres émotions?
③ Marchez de façon neutre. C'est à dire marchez lentement, regardez droit devant vous et ne parlez pas. Occupez tout l'espace.
④ Je vous dis une émotion (la joie / la tristesse / la peur / ...). Sentez-la. Continuez de marcher.
⑤ Quand je frappe dans les mains, arrêtez-vous et faites une pose qui exprime cette émotion. Maintenant exagérez cette expression et ne bougez plus.
⑥ Revenez lentement à une expression normale puis reprenez une démarche neutre.
⑦ Faites le même exercice en choisissant une émotion.
⑧ Quand vous croisez un autre élève, faites votre expression. L'autre répond avec son expression. Ne parlez pas.
⑨ Faites le même exercice mais accompagnez votre pose par un bruit, un cri, un petit mot comme «Ah!», «Oh!», etc.

Exercice principal

Nun teilt L die 33 Textstreifen (s. FDT 14) aus. S lernen ihren Satz auswendig, während sie durch die Klasse gehen ①.

S wählen wie in der Vorübung ein Gefühl sowie eine Pose, die dieses Gefühl zum Ausdruck bringt. Nun mimen sie ihre Emotion, „frieren" sie „ein" und sagen dabei ihren Satz ②. Dies wiederholen sie mehrmals mit verschiedenen Emotionen ③.
Nun leitet L eine kurze Improvisation mit einer Emotion und dem Text an. Hierzu teilt er/sie die Klasse in zwei Hälften, die sich in zwei Reihen so gegenüberstehen, dass jede/r S eine/n Partner/in hat ④. Auf ein Klatschzeichen von L hin bewegen sich der Reihe nach zwei S aufeinander zu und treffen sich in der Mitte ⑤. L gibt eine Emotion vor.
Die S „frieren" diese in eine Pose „ein" und sagen dabei nacheinander ihren Satz ⑥ ⑦.

Conseils

- Die Anzahl der Streifen bitte der Schüleranzahl anpassen.
- L muss darauf achten, dass S immer genau an dieser Stelle stehen. Der Einfachheit halber legt L fest, welche Seite zuerst spricht.

Alternative

Als Abschluss können S ihre Improvisationen vorführen.

Consignes

① Marchez dans la classe d'une façon neutre et apprenez votre phrase par cœur.
② Choisissez une émotion et une pose pour l'exprimer. Prenez cette pose et dites votre phrase.
③ Répétez cet exercice en interprétant plusieurs émotions. Dites toujours la même phrase.
④ Formez deux rangées (A et B) qui se font face. Faites une improvisation avec l'élève en face de vous.
⑤ Quand je frappe dans les mains, approchez-vous l'un de l'autre et arrêtez-vous au milieu.
⑥ Je vous dis une émotion: la joie / la tristesse / la colère ... Trouvez une pose pour exprimer cette émotion et dites votre phrase. [Nom de l'élève du rang A], commence. [Nom de l'élève du rang B], réponds avec ton geste et ta phrase.
⑦ Après, retournez dans votre rang.

la tristesse

être triste

la colère

être en colère

le bonheur

être heureux/-euse

la peur

avoir peur

la surprise

être surpris/e

FICHE DE TRAVAIL 14 La surprise

«– Est-ce qu'on dit «je suis quatorze ans» ou «j'ai quatorze ans»?

– Tu as quatorze ans. On a son âge. Tu ES Hannah Schmitz mais tu AS quatorze ans.

– Tu as de la chance car tu vas avoir une super surprise.

– Il faut prendre le RER et descendre à Charles de Gaulle-Étoile.

– Ensuite, on prend le métro, c'est la ligne 6, direction Nation.

– C'est plus loin que prévu?

– Non, mais c'est un peu compliqué.

– Vous restez bien avec moi, on se perd facilement dans le métro.

– Il faut te détendre, maman!

– Ma mère a toujours «la trouille».

– C'est quoi «la trouille»?

– «La trouille», c'est la peur.»

Elles descendent enfin à la station Javel André Citroën.

Là, elles retrouvent Antonia, Brandon et Tim.

Ils se font la bise.

«– Romain n'est pas là?

– Non, il est avec son corres au Jardin des plantes.»

Ils marchent ensemble un petit moment.

Puis, Marion sort un foulard noir de son sac.

Elle bande les yeux de Hannah.

«– N'aie pas peur. On est presque arrivés!

– Je n'ai pas peur. J'ai la trouille.»

Deux personnes la tiennent par la main, heureusement.

La main de droite est plus grande que la main de gauche.

Ils marchent moins vite, puis ils s'arrêtent.

Elle entend des bruits de billets.

Ils paient quelque chose.

Ensuite, ils entrent dans un endroit qui bouge.

Un bateau? Oui, on est près de la Seine ... Un petit avion?

Ça avance plus lentement, et ça fait moins de bruit.

«Allez, tu peux enlever le foulard.»

Hannah est stupéfaite.

C'est vraiment une surprise fantastique, c'est génial!

Unité 2 Tout allait pour le mieux ...

À plus! 3 Unité 2, Chapitres I-III, S. 32	✤	eine FDT 15 (in Textstreifen zerschnitten)
Lernziel: **Inhaltliche Aneignung eines längeren Textes**		

Hier wird vorgeschlagen, den Sequenztext „Tout allait pour le mieux ...“ mit der Textstreifenmethode zu wiederholen (s. Methodenübersicht, S. 54).
Ziel der Übung ist es, dass die S auf lockere Art und Weise eine Beziehung zwischen Text, körperlichem Ausdruck und Aussprache aufbauen.

Exercice préparatoire: Attention la marche!

Es ist empfehlenswert, die vorgeschlagene Aufwärmübung durchzuführen.
Am besten werden Tische und Stühle zur Seite geräumt, sodass sich S frei in der Klasse bewegen können ①.
Zunächst gehen sie im Klassenzimmer umher. L erklärt, wie S sich im Raum bewegen sollen („démarche neutre“). Ist eine Klasse noch unerfahren in dieser Übung, muss L Zeit darauf verwenden, S klar zu machen, dass keine privaten Gespräche und keine Gesten zugelassen sind und dass S nicht paar- oder gruppenweise gehen dürfen ②.
L sollte außerdem versuchen, ein Raumgefühl zu schaffen, indem S den ganzen zur Verfügung stehenden Raum ausnutzen, Lücken füllen und keine Gruppen bilden ③.
Dann gibt L Situationen vor und S gehen entsprechend ④. L achtet darauf, dass die Gangart nur auf sein/ihr Zeichen hin geändert wird. Das kann z. B. ein Klatschen sein.
L kann zwischendurch immer wieder eine „démarche neutre“ vorgeben.
Danach gehen S weiter und sprechen dabei je nach Gangart den Satz „Bonjour, j'ai 13 ans“ aus ⑤. L kann diese Übung auch variieren und S auf ein Klatschen hin eine Gangart und damit auch die Intonation des Satzes selbst wählen lassen.

Consignes

① Écartez les tables et les chaises.
② Marchez lentement, regardez droit devant vous, ne faites aucun geste et ne vous déplacez pas en groupes. On appelle cela une «démarche neutre».
③ Ne parlez pas et ne vous bousculez pas. Occupez toute la place.
④ Marchez sur la pointe des pieds (vormachen). / Marchez sur les talons. / Marchez avec les jambes en forme de «x» puis de «o». / Marchez dans le sable. / Marchez sur une pelouse mouillée. / Vos pieds sont collés au sol par un chewing-gum. / Vous êtes en retard pour aller à la gare. Dépêchez-vous! / Marchez comme un chat. / Marchez comme un héros de western.
⑤ Maintenant, dites la phrase «Bonjour, j'ai 13 ans» en courant vite / en courant lentement / en marchant sur les talons / en marchant avec les jambes en forme de «x» puis de «o» / en marchant dans le sable / en marchant sur une pelouse mouillée / ...

Exercice principal

Der Sequenztext auf FDT 15 wurde leicht verändert. L teilt die 33 Papierstreifen aus. S lernen ihren Satz auswendig, während sie sich im Raum bewegen ①. Hierzu können sie ihren Satz zunächst gehend vor sich hin murmeln ② und ihn dann der von L vorgegebenen Gangart anpassen ③.

Conseil In kleineren Klassen, kürzt L den Text (s. FDT 15) um entsprechend viele Sätze. Achten Sie darauf, dass es sich dabei nicht um aufeinanderfolgende Sätze handelt.

Danach bleiben alle S im Klassenzimmer stehen und schließen die Augen, um sich konzentrieren zu können ④. L geht auf leisen Sohlen durch die Klasse und berührt einzelne S an der Schulter. Auf dieses Signal hin sagen S den gelernten Satz laut und deutlich ⑤. So hören alle S alle Sätze. Aussprachefehler korrigiert L sofort nach jedem Satz. S wiederholt den Satz ggf. korrekt. Die Sätze werden dann erneut geübt, ohne Signal des L. Sollten zwei S auf einmal zu sprechen anfangen, hört eine/r auf und lässt dem/der anderen den Vortritt ⑥.

Wenn alle Sätze mehrmals gehört worden sind, bringen S sie in eine chronologische Reihenfolge ⑦. Die S stehen dazu (mit geöffneten Augen) im Kreis und stellen sich nach und nach entsprechend der zeitlichen Abfolge der Geschichte auf.
S 1 beginnt, indem er/sie seinen/ihren Satz sagt. Wer glaubt, den Text durch seinen/ihren Satz fortsetzen zu können, stellt sich neben S 1 u. s. w ⑧. Hierzu müssen S über die richtige die Reihenfolge diskutieren ⑨. L sollte kaum/nicht eingreifen. Am Ende erhält man eine gemeinsame „Klassenfassung" des Sequenzstextes, die noch einmal reihum in der richtigen Reihenfolge gesprochen wird ⑩.
Daran schließt sich die Hausaufgabe an, den Lektionstext zu lesen und die Vokabeln zu lernen.

Consignes

① Marchez dans la classe. Ne parlez pas. Ne vous bousculez pas. Regardez droit devant vous et apprenez votre phrase par cœur en marchant.
② Murmurez la phrase en marchant. Répétez-la plusieurs fois.
③ Dites votre phrase à voix haute avec une démarche neutre. Maintenant, marchez comme un enfant / un pépé / une mémé / une star / ...
④ Arrêtez de marcher et de parler, restez debout et fermez les yeux.
⑤ Quand je vous touche l'épaule, dites votre phrase. Les autres écoutent bien.
⑥ Maintenant, je ne vous touche plus. Dites votre phrase quand vous le voulez. Si deux élèves commencent en même temps, un d'eux s'arrête.
⑦ Avec les autres, remettez l'histoire dans l'ordre.
⑧ [Nom d'un/e élève], dis ta phrase. Celui ou celle qui pense avoir la phrase d'après se met à côté de [nom de l'élève] et dit sa phrase, et ainsi de suite.
⑨ Mettez-vous d'accord sur l'ordre logique du texte.
⑩ À la fin, récitez ensemble le texte dans l'ordre.

Marina dansait. La famille la regardait.

«Dis donc, tu ne les utilises pas souvent, tes chaussons!»

Marina a arrêté de danser, elle est sortie de la salle de séjour.

On a entendu claquer la porte d'entrée: Marina n'était plus là.

Céline a appelé Marina sur son portable et laissé un message.

Maman a décidé de téléphoner à Mathilde et à Youri, les deux grands copains de Marina.

Youri était là. Maman lui a raconté la scène.

«Elle n'est pas là-bas mais j'ai l'impression que Youri sait quelque chose.»

Marina court et ne sait même pas où aller.

Comment revenir et comment leur dire la vérité?

Elle n'a rien dit parce qu'elle ne voulait pas gâcher leurs trois semaines de vacances.

Elle n'a plus remis ses chaussons, elle ne dansait plus.

Elle ne savait plus comment sortir de cette situation.

Et ils sont tous arrivés aujourd'hui pour fêter sa rentrée.

Marina avait l'impression de vivre un cauchemar.

Elle est devant l'Opéra, l'endroit le plus merveilleux de Paris.

Il fait froid. Les feuilles des arbres dansent autour des maisons.

Marina sort son portable et hésite encore.

Cédric a fait le tour du quartier.

Ensuite, il est allé chez une copine de l'école primaire de Marina.

Marina n'était pas là et la copine ne savait rien.

Cédric court vers la station de métro quand son portable sonne.

C'est une petite voix, la voix de Marina qui pleure.

«Marina! Marina! Tu es où?»

Un quart d'heure après, il est devant l'Opéra Garnier.

Marina est assise sur une marche d'escalier. Elle pleure.

«Tu n'es plus à l'École, c'est ça?

Tu as raté l'examen de fin d'année.

– En juin, je n'ai pas osé le dire aux parents.

J'ai pris la lettre de l'École dans la boîte aux lettres.

Ils sont si fiers de moi ... Et moi, je les déçois ...

– La fuite n'est pas une solution. Je vais téléphoner à la maison.

Le pire pour eux, c'est ne pas savoir pourquoi leur fille est malheureuse.»

Unité 3 La dinde attend son heure

À plus! 3 Unité 3, Séquence 1, S. 47	►◄	eine FDT 16 (auf Folie kopiert), FDT 17 (eine pro S)
Lernziel: **Einen Text gestaltend im Chor lesen**		

Der Sequenztext „La dinde attend son heure" dient hier als Ausgangspunkt für ein gestaltendes chorisches Lesen. Das gemeinsame betonende und rhythmische Lesen vermittelt Sicherheit und schult die Aussprache. Hier üben S in relativ großen Gruppen selbstständig einen Textteil ein und präsentieren ihn.

Exercice préparatoire: Virelangue

Tische und Stühle werden zur Seite geräumt ①. Als Aufwärmübung für das chorische Sprechen üben S einen Zungenbrecher in Gruppen ein (s. FDT 16). Dazu wird dieser zunächst von L eingeführt und im Frage-Antwort Ver-fahren mit der ganzen Klasse gesprochen ②. Danach legt L die Folie mit dem Zungen-brecher auf und die Klasse wiederholt ihn im Chor ③.
In einem letzten Schritt bilden S Gruppen à sieben/acht S, die nun üben, den Zungenbrecher rhythmisch zu interpretieren ④ ⑤. Dazu bietet L einige der folgenden Anweisungen an, die es S erleichtern sollen, selbstständig einen Text rhythmisch zu gestalten ⑤:
– der Text wird von allen im Chor gesprochen,
– S 1 spricht den Text und die anderen wiederholen ihn im Chor,
– einzelne Textteile werden versetzt gesprochen (wie bei einer „La ola-Welle"),
– Textteile werden einzeln oder zu zweit gesprochen,
– die Lautstärke wird variiert,
– Textteile werden wiederholt.

Consignes

① Écartez les tables et les chaises.
② Je dis une phrase. Répétez-la.
③ Maintenant, lisez ce texte ensemble. Parlez fort et articulez bien.
④ Formez des groupes de sept ou huit.
⑤ Serrez-vous les uns contre les autres comme si vous étiez une seule personne et respirez une fois ensemble. Lisez le texte d'une «seule» voix.
⑥ Lisez le texte de différentes manières: Un élève lit une phrase et les autres la répètent en chœur. / Un élève lit le texte et les autres le répètent en décalé sur le modèle de la «ola». / Dites des parties du texte seuls ou à deux. / Variez le volume. / Répétez plusieurs fois certaines parties du texte (comme un refrain).

Exercice principal

Die gleiche Übung führen S mit dem Sequenztext „La dinde attend son heure" (s. FDT 16) durch ①. Diese Aktivität bietet sich nach der Vokabeleinführung und der inhaltlichen Textarbeit an, da es hier nicht mehr um den Inhalt sondern darum geht, den Text zu sprechen, d. h. ihn zur Übung der Aussprache zu nutzen ②. S wenden die gleichen Verfahren wie für den Zungenbrecher an.
Fünf Gruppen werden gebildet ③. Für diese Gruppenarbeitsphase wäre es von Vorteil, wenn sich S nicht gegenseitig stören und ihren Text laut sprechend einüben könnten. Es ist ratsam, den Flur und verschiedene Ecken des Klassenzimmers zu nutzen. Hierfür erhalten S 15 Minuten Zeit. Sie müssen sich gut absprechen und den Text für Wiederholungen, Verteilungen, usw. markieren ④. S sind angehalten, den Text intensiv zu üben, um bei der Präsentation nicht „am Blatt zu kleben", sondern den Blick immer wieder über die Seite zu richten und das Publikum zu fixieren. Alle S sprechen in die gleiche Richtung und beginnen mit einem gemeinsamen Impuls ⑤.

Consignes

① Maintenant, on fait le même jeu qu'à l'échauffement mais avec le texte de la séquence.
② L'important ici est la façon de dire le texte.
③ Formez cinq groupes. Occupez tous les coins de la salle pour pouvoir parler sans déranger les autres.
④ Vous avez 15 minutes. Lisez d'abord le texte ensemble. Soulignez, rayez, notez qui lit quoi ou quelles parties vous lisez ensemble.
⑤ Pendant votre présentation, regardez le public.
⑥ Pour les parties prononcées en chœur, faites attention de bien parler ensemble: ne parlez ni plus vite ni plus lentement que les autres. Vous ne formez qu'un avec le groupe. Trouvez un rythme commun.

Alternative

Als weiterführende Übung kann L hier eine Phase anschließen, in der eine Gruppe den anderen Gruppen ihren Monolog beibringt und dann diesen Textteil gemeinsam mit allen „intoniert" ① ②.

Consignes

① Faites l'exercice avec toute la classe.
② Enseignez votre texte et la manière de le dire aux autres. Répétez tous ensemble le texte.

FICHE DE TRAVAIL 16 La dinde attend son heure

Patte de rat

Rat vit riz cuit
Riz cuit tenta rat
Rat tâta riz cuit
Riz cuit brûla patte à rat.
Tas de riz, tas de rats
Tas de riz tentant tentant tas de rats tentés
Tas de rats tentés tentant tas de riz tentant.

FICHE DE TRAVAIL 17 La dinde attend son heure

Bonjour C moi, Socrate. Il y a des jours où tout va mal, c'est connu.

Il y a des jours avec et des jours sans, aujourd'hui, c'était un jour sans.

Hier, journée super avec les copains, on s'est bien amusés, on s'est baladés,

mais le soir, quand je me suis couché,

impossible de m'endormir et ce matin, j'étais crevé.

Je me suis levé en retard, je me suis habillé sans me doucher,

je suis parti sans petit-déjeuner. Sept heures de cours.

En maths, la prof s'est énervée contre moi, je sais même pas pourquoi.

Je suis crevé et j'ai encore rien fait pour demain.

Et le pire: Je me suis disputé avec mon père au téléphone.

Depuis que mes parents se sont séparés, ça arrive assez souvent.

Aujourd'hui, c'était à cause de Noël.

Ah, Noël! Comme chaque année, je dois passer le réveillon chez lui

et sa copine chérie, Mylène, mais j'ai pas envie et j'aime pas Mylène.

Elle est pas méchante, je crois, elle est même plutôt gentille avec moi,
elle fait plein d'efforts, elle s'occupe tout le temps de nous.
Ça marche avec ma sœur qui se laisse acheter (je vous dis pas tous les cadeaux que Mylène nous fait, elle en fait tout le temps). Mais ça marche pas avec moi.
On mange pas avant 23 heures parce que Mylène travaille
dans sa boutique de fringues jusqu'à vingt heures.

Après, madame et monsieur se détendent devant leur apéritif.
On bâille, les huîtres aussi. On pourrait s'occuper de nos cadeaux
mais on les reçoit seulement après le repas.
Voilà une photo de la dinde qui attend son heure.
Quand la bûche de Noël est dans nos assiettes, c'est deux heures du matin.
Heureusement, y a aussi Florence et Camille, les «petites» sœurs de Mylène,
elles sont pas trop vieilles, dans les dix-huit – vingt ans, et elles sont assez marrantes.

L'année dernière, elles se sont amusées avec nos jeux électroniques,
on est allés sur Internet ... Elles sont drôlement fortes! Et on a pas mal discuté.
Le lendemain, y a les parents de Mylène qui arrivent avec leurs cadeaux.
Ils me demandent toujours si j'ai bien travaillé et si je préfère devenir médecin ou avocat. Et on remange. Bonjour l'ambiance!
C'est encore plus triste que dans les catacombes.

Unité 4 Une larme

À plus! 3 Unité 4, Entracte, S 77	►◄ ✤	eine FDT 18 (in Textstreifen zerschnitten)
Lernziel: **Rekonstruieren des Sequenztextes in Partnerarbeit**		

In dieser Übung setzen S die passenden Sätze zusammen und rekonstruieren so den Lektionstext „Une larme“. Vor der Übung wird empfohlen, die neue Lexik einzuführen. Da es im Text zwei Zeitebenen gibt (1. die Erinnerungen an Bilias afrikanische Heimat und die Erzählungen, 2. sein Leben in Frankreich und die Zeit im Fußballverein), hören S den Text vor der Übung einmal von der CD (Hörtext), um die Rekonstruktion später zu erleichtern.
Die folgende Übung regt zu einem spielerischen Einstieg in die Textarbeit an. Interesse und Neugier der S werden geweckt, da alle S sich intensiv mit dem Vokabular beschäftigen und sich dieses zu großen Teilen selbstständig erschließen.

Exercice préparatoire: Texte à trous

Die Übung wird vom Platz aus gemacht. L liest aus der letzten Séquence bekannte Sätze vor (s. u.) und bittet S, sich zu melden, wenn sie den Satz vervollständigen können ①. Wer sich zuerst meldet, kann seine Lösung sagen ②. Wenn diese stimmt, erhält S1 einen Punkt ③, wenn nicht, kommt S2 an die Reihe. So erarbeiten S die Sätze mit dem bekannten Vokabular und vervollständigen sie.

Énoncé In Klammern steht die Ergänzung, die S finden müssen.

À Kinshasa, le jeune Bilia vit dans [la rue].
Il a [faim].
Son rêve, c'est le [foot].
Un jour, il [vole] quelques bananes.
On le met en [prison].
Un [journaliste] italien découvre Bilia.
Il l'aide à [sortir] de prison.
Bilia découvre une vie qui n'est pas toujours [facile].
Il a un peu le mal [du pays].
Bilia [accepte] mal l'école.

Consignes

① Je vous lis des phrases incomplètes. Trouvez les mots qui manquent. Ce sont les phrases de la dernière séquence.
② Levez le doigt si vous connaissez la réponse.
③ Le premier ou la première qui trouve la solution gagne un point.

Exercice principal

Für diese Übung werden Tische und Stühle zur Seite geräumt, sodass alle S sich frei bewegen können ①.
Auf FDT 18 sind die Schlüsselsätze des Sequenztextes minimal verändert und in zwei Hälften geteilt. Sie werden von L auseinandergeschnitten, vermischt und ausgeteilt ②.
S vervollständigen ihren Satz, indem sie sich zu Paaren zusammenfinden ③. Wenn sich die entsprechenden Partner zusammengefunden haben, lesen sie den Satz mehrmals laut ④.
Haben sich alle Partner gefunden, versuchen S, den Text als Ganzes zu rekonstruieren ⑤. Eine der Zweiergruppen fängt an, ihren Satz zu lesen. Die Gruppe, die den vorausgehenden Satz besitzt, stellt sich daneben und liest ihren eigenen Satz ⑥. So bauen S den Text zusammen. Hierzu müssen S miteinander über die richtige Lösung diskutieren ⑦. Zum Abschluss lesen S den Text vollständig vor ⑧.

Conseils

- Auf der FDT 18 sind insgesamt 18 Sätze, d. h., 36 S können teilnehmen. Falls die Anzahl der S ungerade ist, sollte L mitmachen.
- Je nach Schüleranzahl können auch Textstreifen weggelassen werden.

Consignes

① Écartez les tables et les chaises.
② Voici des phrases et des répliques coupées en deux.
③ Promenez-vous dans la classe et lisez votre partie de phrase aux autres. Retrouvez les deux parties qui vont ensemble.
④ Quand vous avez trouvé votre partenaire, dites la phrase ou le dialogue entier plusieurs fois ensemble.
⑤ Avec les autres, remettez le texte dans l'ordre.
⑥ [Nom de deux élèves], dites votre phrase. Le groupe qui a le texte avant ou après se met à côté et dit sa phrase, et ainsi de suite.
⑦ Mettez-vous d'accord ensemble sur l'ordre logique du texte.
⑧ À la fin, relisez ensemble le texte dans l'ordre.

Alternative

L kann die Satzstreifen auch auf Folie kopieren, auseinanderschneiden und S auffordern, sie auf dem OHP zu ordnen. Danach lesen S den Text gemeinsam, indem jede/r S den von ihm/ihr zugeordneten Textschnipsel vorliest.
Nun kann sich ein gemeinsames chorisches Lesen anschließen (siehe Methodenübersicht, S. 53).

Pour jouer au ballon, il y a des règles et quelquefois il faut	les apprendre sur le tas ...
Bilia ne s'attendait pas à toutes	ces séances d'entraînement.
L'idée qu'il avait d'une équipe était	celle d'un groupe d'amis, avec quelques shoots et voilà.
Pas d'entraîneurs avec des instructions à suivre, d'horaires	à respecter, de nourriture contrôlée, de discipline.
Bilia repense à tout ce qui est arrivé depuis six	mois, et il y a des moments où il se revoit libre et heureux à Kinshasa.
Entre l'école et les matchs, le jeune garçon a	trouvé le moyen de faire quelques rencontres et ça lui fait du bien.
Sa terre est toujours un beau souvenir et il	ne perd pas une seule occasion de parler de son pays.
Vivre en Europe,	c'est différent.
Maintenant tout a changé et parfois	il pense avec nostalgie à son enfance.
«Tu sais, Paolo, mon pays est comme une	mère. Il m'a bercé, même s'il me fait souffrir.
J'ai passé des moments difficiles chez	moi. Mais les gens sont différents: nous sommes tous un peu frères.
Tout le monde se donne un coup de main,	même si de nombreux gamins passent leur temps dans la rue.
– Bilia, moi je n'ai jamais changé de pays,	mais je te comprends.
Je n'arriverais jamais à partir d'ici, même si je rêve de	jouer dans les plus beaux stades du monde.
– Riccardo a payé mes parents pour	me faire venir ici.
C'est quelqu'un de bien, il a voulu	me sauver d'une mauvaise situation.
Parfois c'est un peu étrange,	parfois il y a des choses que je ne comprends pas.
Maintenant je voudrais le raconter à mes	amis. Tu m'aides à écrire une lettre?»

Unité 5 L'avenir de l'école

À plus! 3 Unité 5, Séquence 2, S. 83	►◄	eine FDT 19, eine FDT 20 (in Textstreifen zerschnitten)
Lernziel: **Argumente logisch miteinander verknüpfen, eine Wahlveranstaltung imitieren.**		

Wie im SB vorgeschlagen, beginnt L die Textarbeit mit einer Hörverstehensübung (CD). S hören Schlüsselbegriffe zum Thema „l'avenir de l'école" heraus und ordnen sie zu. Sind S auf diese Art mit den Argumenten und dem Vokabular vertraut, können sie nun die folgende Übung durchführen.
In dieser Übung wälzen S das neue Vokabular um und wenden es in einer spielerischen Übung mündlich an.

Exercice préparatoire: les slogans

Tische und Stühle werden zur Seite geräumt. S führen ein kurzes „remue-méninges" über das Thema „l'école de nos rêves" durch. Dafür überlegt sich jede/r S eine kurze Forderung, die nicht unbedingt ganz ernst gemeint sein muss ①. S rufen sich im Kreis stehend nacheinander die Forderungen laut zu, indem sie sie skandieren ②. Darauf folgt eine Gruppenreaktion der anderen S, die im Chor die Forderung mit einem „Ah oui!" einleiten und dann wiederholen ③.
Zusätzlich können S die Reaktionen rhythmisieren, z.B. mit einem Klatschen, das die kurze Forderung unterstreicht.

Exemple
S 1: Pas de notes!
Alle: Ah oui! Pas de notes! (tap-tap, tap-tap-tap)

Consignes
① Trouvez un slogan pour l'école de vos rêves (p.ex.: «Plus de maths!»).
② Dites votre slogan l'un après l'autre. Parlez fort comme dans une manifestation.
③ Chaque fois, le groupe réagit avec un «Ah oui!» et répète le slogan («Ah oui, plus de maths!»)

Exercice principal

An fünf verschiedenen Stellen im Klassenzimmer werden DIN-A4-Blätter mit den Themenbereichen A-E aufgehängt (s. FDT 19).
Auf der FDT 20 sind die Argumente, die in Séquence 2 vorkommen, gebündelt und als Satzstreifen aufbereitet. Jede/r S erhält einen Satzstreifen. S finden sich mit Hilfe der Sätze nach Themen zu verschiedenen Gruppen zusammen ①.

Conseil Es gibt mindestens fünf Satzstreifen pro Gruppe: für die Gruppen B,C,D gibt es sechs bis zehn Satzstreifen, sodass L in diesen Gruppen je nach Größe der Lerngruppe Sätze weglassen kann.
Die größte Gruppe ist die Gruppe D. Bei Bedarf können daraus auch zwei Gruppen gebildet werden.

S lesen sich in ihrer jeweiligen Gruppe ihre Argumente gegenseitig vor ②. Dann leiten sie aus ihrem Argument eine gemeinsame Forderung für die Schule der Zukunft ab ③. Diese Forderung lernen sie auswendig, um eine freie Diskussion bzw. ein Vortragen der Forderungen zu gewährleisten ④. Jede/r S spricht seinen/ihren Satz aus, als ob er/sie ein/e Politiker/in wäre, und begleitet ihn mit einer deutlichen Geste ⑤. Die Gruppe wiederholt diese Forderung im Chor ⑥. Jede Gruppe präsentiert vor der Klasse ⑦.

Exemple «Aujourd'hui, la plupart des écoles sont encore mixtes.» = Groupe A
→ L'avenir de l'école, c'est une école où les filles et les garçons sont séparés.

Consignes
① Trouvez le sujet qui correspond le mieux à votre phrase. Formez des groupes.
② Lisez vos arguments aux autres élèves de votre groupe.
③ Trouvez une revendication pour le groupe. Celle-ci peut commencer par «L'avenir de l'école c'est ...»
④ Apprenez votre phrase et la revendication de votre groupe par cœur.
⑤ Dites votre phrase l'un après l'autre comme un/e politicien/ne et accompagnez-la d'un geste clair (p.ex. le poing levé).
⑥ Puis, le groupe reprend la revendication en chœur.
⑦ Présentez votre résultat devant la classe.

FICHE DE TRAVAIL 19 L'avenir de l'école

A Les écoles mixtes?
B L'âge des élèves
C L'école et informatique
D Le rôle des profs
E Le rôle des langues

FICHE DE TRAVAIL 20 L'avenir de l'école

Groupe A
Aujourd'hui, la plupart des écoles sont encore mixtes.
Il y a des filles et des garçons ensemble.
Dans quelques années, on aura des écoles de filles et des écoles de garçons.
Dans certaines écoles, il n'y a que des garçons, dans d'autres que des filles.
Les filles et les garçons seront séparés.

Groupe B
Si ça continue comme ça, l'école sera obligatoire jusqu'à 18 ans.
Et si on veut trouver du travail, il faudra apprendre de plus en plus de choses.
Presque tout le monde va à l'école jusqu'à 18 ans.
Beaucoup de jeunes passent le bac.
Et même si on ne passe pas le bac, on va de plus en plus longtemps à l'école.
Si on fait une formation en alternance, on passe 40 % de son temps en classe.

Groupe C

Dans vingt ans, on n'aura plus besoin d'aller à l'école.

Dans vingt ans, on recevra les cours par mail.

On aura des cartables électroniques, qui remplaceront les livres et les cahiers.

On trouvera des tas d'informations dans des cartables électroniques.

On trouvera aussi de nombreuses images dans des cartables électroniques.

L'informatique jouera un rôle de plus en plus important.

Un jour, il n'y aura peut-être plus de livres.

Groupe D

Il n'y aura peut-être plus de profs, mais des robots.

Mais on ne remplacera pas les profs par des robots.

On aura toujours besoin de vrais profs et de notes.

Un robot ne peut pas s'intéresser à un élève.

On aura toujours besoin de quelqu'un qui s'intéresse à vous.

On aura toujours besoin de discipline.

Si on ne contrôle pas les élèves, ils ne font rien.

Un robot ne fera pas le même effet qu'un prof furieux.

Les robots se ressembleront tous, qu'est-ce que ce sera ennuyeux!

Les élèves aiment changer de prof, pas seulement de matière.

Groupe E

Apprendre des langues deviendra de plus en plus important.

Si on veut trouver du travail, il faudra parler plusieurs langues.

Si on veut trouver du travail, il faudra aller à l'étranger.

Les élèves devront passer une année scolaire à l'étranger.

Dès le collège, on aura des cours en anglais.

Unité 6 À Montréal

À plus! 3 Unité 6, Séquence 2, S. 98	✣	FDT 13 (eine pro S), eine FDT 21 (in Textstreifen zerschnitten)
Lernziel: **Mit Emotionen arbeiten**		

In dem Sequenztext „À Montréal" werden vielfältige Gefühle gezeigt. Ziel der Übung ist es, einen affektiven Zugang zum Text herzustellen.
In der Vorübung üben S, Emotionen zu spüren und sie körperlich bis zur Übertreibung auszudrücken. Es kann hilfreich sein, eine beruhigende Musik im Hintergrund laufen zu lassen.
Nach der Semantisierung der neuen Lexik und der Einführung des Sequenztextes verfahren S ähnlich mit diesem neuen Text. Die Verknüpfung von Text und Emotion aktiviert das physische Gedächtnis und ermöglicht so eine Steigerung der Behaltensleistung.

Exercice préparatoire: Éventail des émotions

Tische und Stühle werden zur Seite geräumt ①. Zuerst stimuliert L verschiedene Gefühle durch Bildimpulse (s. FDT 13, S. 34) und führt dabei den entsprechenden Wortschatz ein: „la joie, la tristesse, la colère, la peur, la surprise, être amoureux /-euse, ..." L fordert S auf, andere ihnen bekannte Gefühle zu nennen ②.
Dann bewegen sich S durch den Klassenraum in einer „démarche neutre" und nutzen den gesamten Raum ③.
L gibt jetzt die Emotion „la joie" vor. S gehen weiter und dabei sollen sie diese Emotion aufbauen, d. h. langsam in sie „hineingehen" ④, um auf ein Klatschzeichen hin in einer Pose zu erstarren. In einem nächsten Schritt übertreiben S diese Pose und „frieren" diese wieder „ein" ⑤. Diese Übung wird mit unterschiedlichen Emotionen durchgeführt ⑥, wobei L möglichst eindeutige und starke Emotionen wählt.

Conseil L kann genauere Anweisungen ab und zu wiederholen, z. B.: „Essayez de sentir monter la colère en vous. Pensez à un évènement qui vous a mis en colère."

Nach mehreren Durchgängen gibt L die Emotionen nicht mehr vor. Auf das Klatschzeichen hin stellen S eine ausgesuchte Emotion ihrer Wahl dar ⑦. S treten nun scheinbar in nonverbale Interaktion, indem S 1 seine Pose einnimmt und dabei S 2 ansieht, der/die mit seiner Pose antwortet ⑧.
Anschließend begleiten S die Emotion mit einem Laut, z. B. bei „surprise" mit einem überraschten „Oh!", und zeigen dabei die entsprechende Pose ⑨.

Consignes

① Écartez les tables et les chaises.
② Regardez les dessins de la fiche de travail 13. Connaissez-vous d'autres émotions?
③ Marchez de façon neutre. C'est à dire marchez lentement, regardez droit devant vous et ne parlez pas. Occupez tout l'espace.
④ Je vous dis une émotion (la joie / la tristesse / la peur / ...). Sentez-la. Continuez de marcher.
⑤ Quand je frappe dans les mains, arrêtez-vous et faites une pose qui exprime cette émotion. Maintenant exagérez cette expression et ne bougez plus.
⑥ Revenez lentement à une expression normale puis reprenez une démarche neutre.
⑦ Faites le même exercice en choisissant une émotion.
⑧ Quand vous croisez un autre élève, faites votre expression. L'autre répond avec son expression. Ne parlez pas.
⑨ Faites le même exercice mais accompagnez votre pose par un bruit, un cri, un petit mot comme «Ah!», «Oh!», etc.

Exercice principal

Nun teilt L die 33 Textstreifen (s. FDT 21) aus. S lernen ihren Satz auswendig, während sie durch die Klasse gehen ①.

S wählen wie in der Vorübung ein Gefühl sowie eine Pose, die dieses Gefühl zum Ausdruck bringt. Nun mimen sie ihre Emotion, „frieren" sie „ein" und sagen dabei ihren Satz ②. Dies wiederholen sie mehrmals mit verschiedenen Emotionen ③.
Nun leitet L eine kurze Improvisation mit einer Emotion und dem Text an. Hierzu teilt L die Klasse in zwei Hälften, die sich in zwei Reihen so gegenüberstehen, dass jede/r S eine/n Partner/in hat ④. Auf ein Klatschzeichen von L hin bewegen sich der Reihe nach zwei S aufeinander zu und treffen sich in der Mitte ⑤. L gibt eine Emotion vor.
Die S „frieren" diese in eine Pose „ein" und sagen dabei nacheinander ihren Satz ⑥ ⑦.

Conseils

- Die Anzahl der Streifen bitte der Schüleranzahl anpassen.
- L muss darauf achten, dass S immer genau an dieser Stelle stehen. Der Einfachheit halber legt L fest, welche Seite zuerst spricht.

Als Abschluss können S ihre Improvisationen vorführen.

Consignes

① Marchez dans la classe d'une façon neutre et apprenez votre phrase par cœur.
② Choisissez une émotion et une pose pour l'exprimer. Prenez cette pose et dites votre phrase.
③ Répétez cet exercice en interprétant plusieurs émotions. Dites toujours la même phrase.
④ Formez deux rangées (A et B) qui se font face. Faites une improvisation avec l'élève en face de vous.
⑤ Quand je frappe dans les mains, approchez-vous l'un de l'autre et arrêtez-vous au milieu.
⑥ Je vous dis une émotion: la joie / la tristesse / la colère ... Trouvez une pose pour exprimer cette émotion et dites votre phrase. L'élève du rang A commence. L'élève du rang B répond avec son geste et sa phrase.
⑦ Après, retournez dans votre rang.

Lorsque Tim est revenu à Montréal, le choc a été grand.

Il avait passé des jours dans l'eau et dans la forêt.

Maintenant, il se retrouvait dans une métropole de presque quatre millions d'habitants.

Avant de rentrer en France, Tim a voulu découvrir Montréal.

Ils ont pris le métro pour aller en ville.

La ville souterraine de Montréal plaît beaucoup à Tim.

On peut y faire toutes ses courses en hiver sans mourir de froid.

Ils montent sur la colline du Mont Royal qui domine la ville.

Pour se reposer, ils vont faire un tour en bateau et voient de loin le port.

Madame Tremblay essaie d'expliquer l'histoire compliquée du Québec.

Jacques Cartier cherchait la route des Indes et a trouvé la Gaspésie.

Les problèmes ont commencé quand les Français ont décidé de coloniser le pays.

La «Nouvelle-France» est née en 1608 avec Champlain.

Les Iroquois ont défendu leur pays et alors une longue guerre a commencé.

Les Anglais sont entrés en guerre contre les Français.

Les Français ont perdu la guerre.

Les Anglais ont occupé la «Nouvelle-France».

Plus tard, ils se promènent dans la vieille ville.

Tim photographie son ami devant la statue de Paul de Maisonneuve.

Rue Sainte-Catherine, Tim achète du sirop d'érable pour sa famille.

Ensuite, ils traversent un quartier de gratte-ciel.

Et puis, il faut rentrer pour se reposer un moment.

Le soir, ils veulent aller au Cirque du soleil.

Le fondateur du Cirque du soleil s'appelle Guy Laliberté.

Leur cirque emploie 700 artistes et donne des spectacles dans le monde entier.

Ce soir, les Tremblay amèneront Tim au spectacle «O».

«O» comme les eaux du Saint-Laurent et de l'Atlantique.

Le séjour de Tim au Canada va se terminer.

Quand il pensera au Canada, le mot «EAU» lui viendra à l'esprit.

Methodenübersicht

Anhand dieser Methodenübersicht können Sie individuell neue Übungen aus weiteren Sequenztexten entwickeln.
Hier sind sowohl Aktivitäten, die in diesem Heft verwendet wurden, als auch weitere theaterdidaktische Übungen beschrieben. In der jeweiligen Boîte à outils zu dem ***À plus!*** Band, mit dem Sie arbeiten, finden Sie alle Sequenztexte als editierbare Worddateien. So können Sie die Texte einfach bearbeiten, ändern und neue Aktivitäten erstellen.

Im Chor lesen

Weil S in relativ großen Klassen wenig Gelegenheit finden, Texte zu lesen, sollte L mit ihnen das chorische Lesen üben. So schleifen sich Strukturen ein und S ahmen den französischen Tonfall besser nach.

Mit der gesamten Klasse lesen

Matériel CD (Hörtext)

Nach der Semantisierung und einer kurzen Umwälzung der Lexik legt L die CD (Hörtext) ein. Nach einem Satz oder einem kurzen Abschnitt macht L eine Pause und lässt S das Gehörte nachsprechen ①. S lassen sich auf den Rhythmus des Sprechers ein und sprechen genau im Chor ②. Diese gemeinsame Dynamik ist eine Basis für viele weitere Übungen.

Consignes
① Écoutez bien et répétez le texte. Imitez le narrateur / la narratrice.
② Faites attention de bien parler ensemble: ne parlez ni plus vite ni plus lentement que les autres.

Mit Gruppen lesen

Matériel FDT (eine pro S): Sequenztext

Nach der Semantisierung der Lexik und einige Fragen zum Globalverstehen teilt L FDT aus. S bilden Gruppen ①, die je einen Textteil lesen. Zuerst markieren S ihre Textteile ②. Nacheinander lesen die Gruppen ihre Textteile genau im Chor ③. Dabei sollen sie laut, deutlich und synchron sprechen. Sie führen diese Übung zwei- bis dreimal hintereinander aus.

Consignes
① Formez ___ groupes. (Je nach Textteilung.)
② Lisez bien le texte et surlignez vos phrases.
③ Faites attention de bien lire les phrases ensemble: ne parlez ni plus vite ni plus lentement que les autres.

Exemple FDT 1 (S. 8)

Einen Text murmeln

Matériel CD (Hörtext), SB (Sequenztext)

L verwendet diese Variante als Wiederholung oder zum erneuten Vergegenwärtigen des Inhalts sowie der Aussprache. Er/Sie legt die CD (Hörtext) ein und S lesen den Sequenztext (SB) mit, indem sie murmeln ①. Wenn S nicht mitkommen oder den Faden verlieren, können sie jederzeit mit Hilfe des SB wieder einsteigen ②. Weil S den Text nicht laut lesen sondern murmeln, üben sie angstfrei den chorischen Rhythmus.

Consignes ① Lisez le texte à voix basse (c'est à dire doucement) en même temps que le narrateur / la narratrice du CD.
② Si vous perdez le fil, reprenez la lecture à l'aide du texte dans votre manuel.

Mit Textstreifen arbeiten

Eine der einfachsten und im Hinblick auf die Textumwälzung effizientesten Methoden ist die Methode der Textstreifen. Sie kann mit jeder Art Text (Sequenztext, authentischer oder semiauthentischer Lektüretext) wieder aufgegriffen werden. Folgende Übungsphasen regen zur intensiven Beschäftigung mit den Texten an: Text vervollständigen, chronologische Ordnung des Textes wieder herstellen (Streifen ordnen), Vokabular anwenden.

Conseil In der jeweiligen Boîte à outils zu dem ***À plus!*** Band, mit dem Sie arbeiten, finden Sie alle Sequenztexte als editierbare Worddateien. So können Sie die Texte bearbeiten und auf einer FDT den S zur Verfügung stellen.

Einen Text rekonstruieren

Matériel FDT (eine pro Klasse): Sätze des Sequenztextes in zwei Satzteile trennen und in Streifen zerschneiden

Die Tische und Stühle werden an den Rand des Klassenzimmers geräumt ①. L teilt die Textstreifen aus. S vergleichen ihre Satzteile und tragen die passenden Sätze zusammen ② ③. Dann bringen sie gemeinsam die Sätze in die richtige Reihenfolge ④ ⑤.

Conseil Die Anzahl der S muss gerade sein. Sonst übernimmt L einen Part. L bereitet Text nach Schüleranzahl vor (Textteile weglassen).

Consignes ① Écartez les tables et les chaises.
② Promenez-vous dans la classe et lisez votre partie de phrase aux autres. Retrouvez les deux parties qui vont ensemble.
③ Quand vous avez trouvé votre partenaire, lisez votre phrase entière plusieurs fois ensemble.
④ Avec les autres, remettez le texte dans l'ordre. [Nom de deux élèves], dites votre phrase. Le groupe qui a le texte avant ou après se met à côté et dit sa phrase, et ainsi de suite.
⑤ À la fin, relisez ensemble le texte dans l'ordre.

Exemple FDT 5 (S. 15)

Einen Text chronologisch ordnen

Matériel FDT (eine pro Klasse): Sequenztext in Satzstreifen zerschneiden

Die Tische und Stühle werden an den Rand des Klassenzimmers geräumt ①. L verteilt die Textstreifen. S lernen ihren Satz in Bewegung auswendig ②. Sie stellen sich im Klassenzimmer auf und schließen die Augen. L geht herum, tippt einzelne S an den Schultern an. Auf Tippen sagt S seinen/ihren Satz ③. S üben ihre Sätze weiter, ohne dass L sie an der Schulter berührt ④. Dann bringen S zusammen die Sätze in die richtige Reihenfolge ⑤ ⑥.

Consignes ① Écartez les tables et les chaises.
② Marchez dans la classe et apprenez votre phrase par cœur.
③ Arrêtez de marcher et de parler, restez debout et fermez les yeux. Quand je vous touche l'épaule, dites votre phrase. Les autres écoutent.

④ Maintenant, je ne vous touche plus. Dites votre phrase quand vous le voulez. Si deux élèves commencent en même temps, un d'eux s'arrête.
⑤ Avec les autres, remettez le texte dans l'ordre. [Nom d'un/e élève], dis ta phrase. Celui ou celle qui pense avoir la phrase d'après se met à côté de [nom de l'élève] et dit sa phrase, et ainsi de suite.
⑥ À la fin, relisez ensemble le texte dans l'ordre.

Exemple FDT 9 (S. 23)

Geschichten erfinden und erzählen

Matériel FDT (eine pro Klasse): Sequenztext in Satzstreifen zerschneiden

S führen diese Übung durch, wenn der Sequenztext ihnen noch gänzlich unbekannt ist. L teilt die Textstreifen aus. S lernen ihren Satz auswendig. Dann bilden sie Zweiergruppen. Sie erfinden eine Situation und verwenden dafür die beiden Sätze ①. Im nächsten Schritt bilden S Vierergruppen, in denen sich die beiden Paare gegenseitig die Situationen vorstellen. Nun erfinden sie eine kleine Geschichte, in der die vier Sätze vorkommen ②. S ändern dafür die Situationen ab oder übernehmen eine von beiden ③. Danach gehen S in Achtergruppen zusammen und erfinden nach dem gleichen Verfahren wieder eine gemeinsame Geschichte ④. Zum Schluss präsentieren alle Gruppen ihre Geschichten vor der Klasse ⑤.

Consignes
① Apprenez votre phrase par cœur. Maintenant, travaillez à deux. Imaginez une situation ensemble dans laquelle vous utilisez ces deux phrases.
② Travaillez à quatre. Imaginez une histoire ensemble à partir de vos quatre phrases.
③ Utilisez toutes les phrases. Vous pouvez reprendre une des situations ou imaginer une nouvelle histoire.
④ Maintenant, travaillez à huit. Faites le même exercice.
⑤ Présentez votre histoire à la classe.

Eine Geschichte im Kreis nacherzählen

Matériel FDT (eine pro Klasse): Sequenztext in Satzstreifen zerschneiden

Die Tische und Stühle werden an den Rand des Klassenzimmers geräumt ①. S müssen den Text gut kennen, um diese Übung erfolgreich durchzuführen. L teilt die Textstreifen aus. S bilden einen Kreis ②. Nacheinander lesen sie ihre Sätze vor ③. Dann rekonstruieren sie den Text gemeinsam, indem sie die Streifen ordnen ④. Schließlich lesen S den Text gemeinsam in der richtigen Reihenfolge ⑤.

Consignes
① Écartez les tables et les chaises
② Formez un cercle.
③ Lisez votre phrase l'un après l'autre.
④ Avec les autres, remettez le texte dans l'ordre. [Nom d'un/e élève], dis ta phrase. Celui ou celle qui pense avoir la phrase d'après se met à côté de [nom de l'élève] et dit sa phrase, et ainsi de suite.
⑤ À la fin, relisez ensemble le texte dans l'ordre.

Einen Text in Bewegung / durch Intonation variieren

Matériel FDT (eine pro Klasse): Sequenztext in Satzstreifen zerschneiden

Die Tische und Stühle werden an den Rand des Klassenzimmers geräumt ①. L teilt die Textstreifen aus. Alle S sprechen gleichzeitig ihren Satz neutral, d. h. ohne besondere Betonung ②, und bewegen sich dabei frei im Klassenzimmer.

Nach einer Weile gibt L Anweisungen, die Intonation, das Tempo und die Bewegung zu verändern ③: laut / leise sprechen, schnell / langsam laufen, in trauriger / in lustiger Stimmung sprechen. Anschließend gibt L konkrete Situationen vor: S rennen zum Bahnhof, weil der Zug in zwei Minuten fährt. / S sind Models, die sich auf dem Laufsteg bewegen. / ... ④.
Im letzten Schritt imitieren S verschiedene Intonationskurven anhand von Begrüßungsritualen. Sie sprechen dabei immer ihren Satz. Sie laufen reihum und folgen den Anleitungen des L: sie begrüßen sich förmlich / freundschaftlich / zögerlich / ... ⑤

Consignes

① Écartez les tables et les chaises.
② Marchez dans la classe et dites votre phrase d'un ton neutre.
③ Maintenant, dites votre phrase en parlant fort / en parlant doucement / en courant vite / en courant lentement / tristement / avec joie / ...
④ Votre train part dans deux minutes. Dépêchez-vous! / Vous êtes un mannequin et vous marchez sur un podium / ...
⑤ Quand vous rencontrez un autre élève, dites bonjour en prononçant votre phrase. Vous saluez une personne très âgée / un ami / une tante que vous n'aimez pas / ...

Einen Dialog spielen

Matériel FDT (eine pro Klasse): Sequenztext in Satzstreifen zerschneiden

L teilt die Textstreifen aus. S lernen ihren Satz auswendig ①. Dann bilden sie Zweiergruppen und erfinden eine dialogische Situation, in der aber nur ihre beiden Sätze vorkommem ②. Ziel der Übung ist es, eine Art Konversation mit sehr wenig Textmaterial aufzubauen, um dieses einzuschleifen. Daher dürfen S nur die beiden Sätze benutzen. Sie dürfen ein Wort oder einen Teil des Satzes sinnentfremdet mehrmals wiederholen, abwechselnd sprechen, unterschiedlich intonieren, als Frage oder Ausruf verwenden ③. Zum Schluss führen einige Gruppen ihre Szene vor der Klasse auf ④.

Consignes

① Apprenez votre phrase par cœur.
② Travaillez à deux. Imaginez une situation avec un dialogue en utilisant vos deux phrases, par exemple à table, chez le médecin, chez le coiffeur, etc.
③ Attention, n'utilisez que ces deux phrases. Vous pouvez répéter des mots ou des parties de phrases, poser des questions. Jouez aussi avec la voix (question, réponse, cri).
④ Jouez votre scène devant la classe.

Einen Dialog mit Gesten spielen

Matériel FDT (eine pro S): Sequenztext

L teilt FDT aus. S bilden Gruppen und verteilen die Rollen ①. Sie markieren ihre Sätze. Jede/r sucht sich eine Geste aus, die seine/ihre Sätze begleitet ②. Die Gruppen üben mehrmals die Szene ③. Am Ende führen einige Gruppen die Szene vor der Klasse auf.

Consignes

① Formez des groupes de ___ (je nach Figurenanzahl).
② Trouvez des gestes qui vont avec vos phrases.
③ Jouez la scène. Faites d'abord votre geste, ne bougez plus, puis dites votre texte.

Exemple FDT 4 (S. 12)